Gabriele Stöger/Hans Stöger

Besser verkaufen mit Glaubwürdigkeit und Sympathie

Gabriele Stöger/Hans Stöger

Besser verkaufen mit Glaubwürdigkeit und Sympathie

REDLINE WIRTSCHAFT
bei verlag moderne industrie

Die Deutsche Bibliothek – CIP-Einheitsaufnahme

Stöger, Gabriele:
Besser verkaufen mit Glaubwürigkeit und Sympathie / Gabriele Stöger/Hans Stöger. – München : Redline Wirtschaft bei Verl. Moderne Industrie, 2002
ISBN 3-478-81259-3

Titel der Originalausgabe: Es muss ja nicht gleich Liebe sein

Umschlaggestaltung: Felix Weinold, Schwabmünchen
Satz: mi, J. Echter
Druck- und Bindearbeiten: Himmer GmbH, Augsburg
Printed in Germany 81259/030202
ISBN 3-478-81259-3

«Sich an feste Gewohnheiten zu halten, ist nicht besonders klug, wenn es damit endet, dass man weniger Umsatz macht. Wenn wir alle mehr über unseren eigenen Stil und seine Grenzen und Alternativen wüssten, wären wir besser dran.»

Deborah Tannen

Inhalt

Einleitung

Warum Verkäufer unmenschlich sind

Kommt uns alles bekannt vor, nicht? Wir wissen, dass eine stinkige Laune uns das Geschäft vermiest. Wir wissen, dass wir zuerst einen Draht zum Kunden finden müssen, bevor wir ihm den Auftrag zur Unterschrift auf den Tisch legen. Wir wissen, dass man Kunden pflegen muss, wenn man sie behalten will. Warum tun wirs dann nicht? Hier einige Gründe, die mir Seminarteilnehmer sagten:

«Was heißt denn hier ‹menschlich›? Geschäft ist Geschäft.»

«Wozu die Höflichkeitsfloskeln? Das muss doch auch so gehen!»

«Das Privatleben des Kunden geht mich nichts an.»

«Ich hasse es, wenn Kunden emotional werden.»

«Gefühle und Privates haben beim Geschäft keine Bedeutung!»

«Die Zeit habe ich doch gar nicht.»

Ein Verkäufer sagte mir auch: «Ich bin doch nicht der Kumpel des Kunden!» Da hat er natürlich Recht. Die Frage ist nur: Möchten Sie Recht haben oder Umsatz machen? Es ist nun mal bewiesen, dass Kumpels besser verkaufen. Kaufen wir nicht selbst lieber bei Verkäufern, die uns wie Menschen behandeln? Ich habe einen Bekannten, der im Sportgeschäft immer nach einem bestimmten Verkäufer verlangt. Als ich ihn fragte, ob das ein alter Kumpel sei, sagte er: «Nein und ja. Wir kennen uns nur vom Sportgeschäft. Aber er berät mich wie ein echter Freund.» Das ist es doch, oder?

Dass sich Verkäufer weigern menschlich zu sein – und damit besser zu verkaufen –, liegt nicht an der Unmenschlichkeit der Verkäufer. Es liegt einfach daran, dass ihnen

- niemand erlaubt hat, den Menschen in sich verkaufen zu lassen;
- niemand beigebracht hat, menschlich zu verkaufen;
- suggeriert wurde, dass Menschsein im Berufsleben nichts zu suchen hat.

Wenn man jahrelang relativ emotionslos verkauft hat, dann weiß man gar nicht mehr, wie man Menschen wie Menschen behandelt. Man muss es Stück für Stück, Buchstabe für Buchstabe wieder erlernen. Genau für diesen Zweck haben wir dieses Buch eingerichtet: quasi als virtuellen Trainingsplatz zum Erwerb der längst verlorenen Tugend des menschlichen Verkaufs. Der Verkäufer, der seine Kunden wie Menschen behandelt, handelt sich damit praktisch eine Umsatzversicherung und Erfolgsgarantie ein. Jeder Verkäufer? Beginnen wir beim Buchstaben P – wie Persönlichkeit. Was braucht der «typische» Verkäufer? Wie sieht die Persönlichkeit aus, die allein durch ihr Auftreten überzeugt? Und wie trainiert man seine Persönlichkeit so, dass der Kunde schon begeistert von uns ist, noch bevor wir überhaupt den Prospekt auspacken? Ganz egal, was er verkauft? Ja und nein. Es gibt natürlich große Unterschiede zwischen Verkaufen und Verkaufen. Es macht einen Unterschied, ob ich im Warenhaus Pullis verkaufe oder an der Börse Aktienpakete. Ob ich ganz klassisch die Klinke putze oder ob die Kunden zu mir kommen. Eine Ölraffinerie muss ich anders verkaufen als einen Hochdruckreiniger. Verkaufen ist immer neu, immer anders und immer unterschiedlich.

Doch das Wesentliche beim Verkauf ist immer dasselbe. Deshalb fühlen sich Verkäufer immer als Verkäufer – egal, wo und was sie verkaufen. Es gibt nämlich eine Reihe von Prinzipien, die grundsätzlich für alle gelten. Für den einen mehr, für den anderen weniger. Dies hängt vor allem von der Komplexität des Verkaufsaktes ab. Dieses Buch richtet sich an all diejenigen, die relativ komplexe Produkte oder Dienstleistungen aktiv verkaufen. Mit relativ komplex meinen wir: für den Kunden erklärungsbedürftig, mehrere verschiedene Personen oder Gruppen beim Kunden betreffend und kostenrelevant. Das heißt, der Käufer muss die anstehende Ausgabe in sein bestehendes Budget mit einplanen. Das ist der Gegensatz zum so genannten einfachen Kauf, bei dem man die Ausgabe quasi nebenher tätigt: Cola, Zeitung oder Hustenbonbons kauft man so. In unsere Seminare kommen Verkäufer, die sich aktiv um das Geschäft kümmern müssen und deren Produkte und Dienstleistungen so komplex sind, dass die Auseinandersetzung mit einem potienziellen Kunden dazu wenigstens ein längeres, wenn nicht viele weitere Gespräche für einen Geschäftsabschluss erfordert.

Wir haben die grundsätzlichen Komponenten mit dem Begriff PRUNCKStück zusammengefasst, weil sich mit jedem Buchstaben eine wichtige Fähigkeit eines Verkäufers (natürlich auch einer guten Verkäuferin) verbindet, der gut und authentisch verkaufen will.

P steht für Persönlichkeit.

R steht für Rapport, für die gute Beziehung zum Geschäftspartner.

U steht für Untersuchung.

N steht für den Nutzen, den der Kunde hat, wenn er Ihr Produkt kauft.

C steht für Contra, für den Widerspruch des Kunden.

K schließlich steht für Kontrakt und Kundenpflege, beides eine häufig vernachlässigte Angelegenheit.

Das PRUNCKStück ist ein Angebot an Sie, in sechs organischen Schritten Ihre Arbeit als Verkäufer mit den Bedürfnissen Ihrer Kunden in Einklang zu bringen – und dabei als Mensch wie als Berufsprofi zu gewinnen!

Viele Verkäufer schwören inzwischen auf das PRUNCKStück. In diesem Buch wollen wir uns Stück für Stück davon anschauen. Beginnen wir beim Buchstaben P – wie Persönlichkeit. Was braucht der «typische» Verkäufer? Wie sieht die Persönlichkeit aus, die allein durch ihr Auftreten überzeugt? Und wie trainieren wir unsere Persönlichkeit so, dass der

Kunde schon begeistert von uns ist, noch bevor wir überhaupt den Prospekt auspacken?

«Sagen Sie mal, muss ich Kunden eigentlich grüßen?»
Seminarteilnehmer

Deutsche können nicht verkaufen

Ein Beispiel zum Gruseln

Tatort: Eine Kfz-Werkstatt irgendwo in Deutschland. Opfer: Ein nichts ahnender Kunde. Ich stehe vor dem Schreibtisch des Werkstattleiters und warte auf meine Rechnung. Der Werkstattleiter tippt gerade die einzelnen Reparaturposten in seinen PC ein. Herein kommt ein Mann mittleren Alters und das Drama beginnt. Der Mann schließt schwungvoll die Tür und sagt fröhlich: «Guten Morgen». Ich grüße zurück, der Werkstattleiter tippt schweigend an seinem PC. Der Mann räuspert sich, der Werkstattleiter tippt unbeirrt weiter und würdigt den Nochkunden keines Blickes. Langsam erstirbt das fröhliche Lächeln auf seinem Gesicht. Sein Blick irrt verunsichert umher. Hat er etwas falsch gemacht? Soll er später nochmals kommen? Je länger das Schweigen herrscht, desto unsicherer wird die Körpersprache des Mannes. Inzwischen steht er da wie ein armer Schulbub. Nach geschlagenen drei Minuten hebt der Werkstattleiter plötzlich den Kopf und fragt abrupt: «Was wollen Sie?» Der Mann stammelt irgendetwas, worauf der Werkstattleiter kommentarlos in die Werkstatt rennt. Der Nochkunde schaut mich an mit einem Blick, der Bände spricht.

Jeder von uns erlebt diese Demütigungen täglich beim Einkauf. Die Berufsbezeichnung «Verkäufer» ist zum Inbegriff für Unfreundlichkeit und Inkompetenz geworden. Doch die Kunden lassen sich das nicht länger gefallen. Im Sommer 1997 veröffentlichte die Gesellschaft für Konsumforschung (GfK) in Nürnberg eine Statistik, wonach die Supermärkte auf der grünen Wiese mit ihren Fachabteilungen die

Fachgeschäfte in den Innenstädten umsatzmäßig abgehängt haben. So sagte ein befragter Kunde: «Bevor ich mich von einem so genannten Fachverkäufer fachinkompetent und unfreundlich anquatschen lasse, suche ich mir die Sachen selbst aus.» Die gescholtenen Verkäufer argumentierten darauf erbost: «Die Supermärkte sind auch viel günstiger!» Doch dieser Einwand stimmt einfach nicht. Seit Jahren kann jeder Interessierte in den Marketingbüchern das Ergebnis einer repräsentativen Studie nachlesen. Auf die Frage, warum Kunden zur Konkurrenz abwandern, antworteten

- sage und schreibe 65 Prozent: «unzufrieden mit Service und Behandlung»;
- 15 Prozent: «Konkurrenz hat bessere Qualität»;
- und nur 15 Prozent: «niedrigere Preise».

Diese Statistik bestätigt nur, was wir alle längst wissen und auch täglich selbst vormachen oder praktizieren: Den Unternehmen und Händlern laufen die Kunden davon, nicht so sehr, weil die Preise zu hoch sind, sondern *weil sie schlecht behandelt werden.* Oder würden Sie in obige Kfz-Werkstatt gehen, wenn Sie die Wahl hätten? Das ist der springende Punkt. Bei zitierter Werkstatt hat man keine andere Wahl, weil der Betrieb die einzige Markenniederlassung am Ort ist. Dieser Betrieb kann es sich wirtschaftlich leisten, seinen Kunden ständig in die Waden zu beißen. Wenn Sie in einem dieser Quasimonopolbetriebe arbeiten, dann werfen Sie das Buch jetzt schnell in hohem Bogen weg und beten Sie drei Ave-Maria, dass das Quasimonopol noch möglichst lange halten möge. Denn bei Quasimonopolen hilft nur noch Beten.

In Deutschland geht das Licht aus

Bis vor Kurzem gab es in Deutschland Unternehmen, die behandelten ihre Kunden gnadenhalber: «Wollen wir Meier & Cie. beliefern oder halten wir die Lieferung mit einer faden-

scheinigen Begründung noch zwei Wochen zurück?» Große Banken, Versicherungen, Energieversorger, Kfz-Hersteller, Maschinenbaukonzerne, Anlagenbauer, öffentliche Betriebe wie die Telekom, die Post … Sie alle hatten ein Quasimonopol. Weit und breit kein (ernst zu nehmender) Konkurrent in Sicht – das muss der Kunde büßen! Seit der Globalisierung der Märkte und dem drohenden, schrankenlosen Euromarkt spüren diese Unternehmen plötzlich den heißen Atem der Mitbewerber im Nacken. Wer je in Amerika war, weiß: Dort wird der Kunde wie ein König behandelt. Wenn auch nur die Hälfte der Global Player, die androhten, in den Euromarkt einzubrechen, ihre Drohung wahr machen, dann geht in Deutschland das Licht aus. Denn kein Deutscher kauft bei einem Wadenbeißer, wenn er die Wahl hat.
Düsteres Endzeitszenario? Pustekuchen. Für viele deutsche Unternehmen ist dieses Szenario längst Realität. Wir müssen es wissen, schließlich leben wir davon. Seit einiger Zeit klopfen an der Tür unserer Gesellschaft für Personalentwicklung ausgesprochen viele große, gut gehende – es sind immer die gut gehenden, die rechtzeitig reagieren – Unternehmen an, deren Geschäftsführer, Vorstandsmitglieder, Verkaufsleiter oder P-Entwickler Dinge sagen wie: «Wir können uns unseren Verkauf nicht länger leisten. Wir können nicht länger nur vom Umsatz leben, den der Vertrieb nicht verhindert.» Diesen Unternehmen helfen wir seit Jahren, aus mittelprächtigen, in Seriosität erstarrten «Beratern» richtige, echte, kompetente und freundliche Verkäufer zu machen, die deshalb Umsatz bringen, weil die Kunden nicht im Traum daran denken, woanders zu kaufen.
Wenn Sie in einem solchen Unternehmen an der Schwelle zum globalen Markt arbeiten, vielleicht sogar selbst eine Salesforce führen, sie Personal entwickeln sollen/wollen/müssen oder ein Verkäufer sind, der es satt hat, Kunden bloß abzuzocken, dann sind Sie auf den folgenden Seiten gut aufgehoben. Wir schauen uns gemeinsam an, wie man so verkauft, dass die Kunden gerne wiederkommen.

Übrigens, es gibt Verkäuferinnen und Verkäufer. Wenn im Folgenden für alle Berufs- und Positionsbezeichnungen nur die maskuline Form verwendet wird, dann lediglich, um den Lesefluss nicht aufzuhalten.

Kunden sind keine Menschen, oder?

Warum wandern Kunden ab? Was verstehen sie unter «schlechter Behandlung» (s.o.)? Gehen wir zu unserem Kfz-Horrorbeispiel zurück. Es gehört zu den grundlegenden Geboten menschlicher Höflichkeit, dass man sich grüßt. Der Werkstattleiter tut das nicht. Warum, war mir lange unklar, bis mir ein Seminarteilnehmer die Augen öffnete. Bei der Besprechung des Verkaufsprozesses fragte er plötzlich: «Herr Stöger, sagen Sie mal, muss ich Kunden eigentlich grüßen, wenn sie hereinkommen?»

Stellen Sie sich vor, der Kegelkumpel des Werkstattleiters kommt zur Tür herein. Wird gegrüßt? Aber hallo! Und wenn nicht, dann sagt der Kegelkumpel: «Max, du alter Suffkopp, was ist los? Redest du nicht mehr mit mir?» Worauf Max, der Werkstattleiter, sich sofort bemüht zu sagen, dass er gerade einfach nur viel zu viel um die Ohren hat. Das heißt, beide reden wie Menschen miteinander. Weil sie eine Beziehung zueinander haben. Beides sind Kegelbrüder. Den Nochkunden behandelt der Werkstattleiter nicht wie einen Menschen – er grüßt ihn nicht und bellt ihn an –, weil er keine Beziehung zu ihm hat – *und keine zu ihm aufbaut.* Das Kursive ist der Knüller. Denn kein Spitzenverkäufer der Welt hat eine Beziehung zu einem wildfremden Menschen, der eines schönen Morgens plötzlich zur Tür hereinspaziert. Aber er baut schneller eine auf, als Sie «Kuckuck» sagen können. Ein Hotelier verriet mir: «Ich hatte meinen jetzigen Brauereiverkäufer noch nie im Leben gesehen, als er damals im Sommer zur Tür hereinschneite. Aber nach fünf Minuten hatte ich das Gefühl, dass wir uns schon ewig kennen.» Übrigens, der

Verkäufer verkauft das Fass 20 DM teurer als der Verkäufer der Konkurrenzbrauerei, dem er den Auftrag – nach zwanzig Jahren Markentreue! – wegnahm.

Wer über die Beziehung verkauft

- kann im Hochpreissegment verkaufen,
- gewinnt neue Kunden, wo andere auf Granit beißen,
- verliert seine Kunden nur noch, wenn er silberne Löffel klaut; oft nicht mal dann. Guten Freunden verzeiht man manches.

Der Gründer und Chef einer kleinen amerikanischen Bank (Granite Falls, North Carolina), seit über zwanzig Jahren weit überdurchschnittlich erfolgreich im Markt, antwortete auf die Frage nach den Gründen für diesen fulminanten und anhaltenden Erfolg: *... keep it cheap, motivate employees, and treat customers like humans.*

Das ist die Botschaft dieses Buches: Wer Kunden abzockt, hat vielleicht einige Monate Erfolg. Wer Kunden wie Menschen behandelt, verkauft teuer, oft und lange und gut und hat jahrzehntelang Erfolg. Leider merke ich bei den Hunderten von Verkäufern, die durch unsere Seminare gehen, ständig: Wir haben verlernt, Menschen wie Menschen zu behandeln. Wir müssen es erst wieder lernen. Auf dem Seminar oder mit diesem Buch.

Die Trickser im Verkauf

Willkommen im Club. Vielleicht haben Sie bemerkt: Der letzte Absatz war eine Schwelle. Viele Verkäufer und Verkaufsleiter schaffen sie nicht. «Die Kunden wie Menschen behandeln? Tu ich, ich rede jeden immer mit Namen an! Kennen Sie sonst noch ein paar Tricks?» Es gibt grundsätzlich zwei Arten von Verkäufern. Die Trickser und die Spitzenverkäufer. Die Trickser sind immer auf der Suche nach neuen Kniffen, Verkaufstechniken und Rezepten. Als Kundenorientierung

und Clienting Mode waren, begannen die Trickser sofort, ihre Kunden mit Namen anzureden – erstaunlich genug, dass es Verkäufer gibt, die das bis dato nicht taten. Würden Sie darauf hereinfallen? Würden Sie bei einem aalglatten Wiesel, das nur Ihr Bestes will (nämlich Ihr Geld), kaufen, nur weil das Wiesel Sie plötzlich mit Namen anredet? Nein, noch viel weniger als vorher, weil Wiesel umso unsympathischer werden, je stärker sie zu tricksen beginnen. Deshalb funktionieren Verkaufstricks und -techniken langfristig nicht. Irgendwann merkt der Kunde, dass er nicht wie ein Mensch, sondern wie Umsatzvieh behandelt wird – und ab diesem Punkt der Erkenntnis hilft auch die ausgefeilteste Einwandsbehandlungstechnik nicht mehr weiter. Der Kunde ist sauer und springt ab. Verheerend daran ist, dass 85 Prozent der unzufriedenen Kunden sich nicht vor ihrem Absprung beschweren, einem also die Chance geben, den Fauxpas zu korrigieren. Sie schweigen, wandern zur Konkurrenz ab und machen Negativwerbung gegenüber anderen potenziellen Kunden. Ein unzufriedener Kunde teilt seine schlechten Erfahrungen sechzehn Personen mit – dreimal so vielen wie ein zufriedener Kunde! Wer trickst, riskiert also siebzehn unzufriedene Menschen, die eher lieber zur Konkurrenz gehen würden. Tricksen verhindert Umsatz.
Aber genau das haben viele Verkaufsleiter und Verkäufer noch nicht ganz verstanden: «Zeig den Verkäufern ein paar neue Tricks, mach die Rabatte größer, und schon kaufen die Kunden wie verrückt.» Denkste. So dumm sind die Kunden vielleicht kurzfristig, langfristig lässt sich jedoch kein noch so einfältiger Kunde für dumm verkaufen. Deshalb verkaufen langfristig nur die Spitzenverkäufer gut. Sie verkaufen, um ein Fremdwort zu bemühen, authentisch. Sie verkaufen über die Beziehung. Auf Deutsch: Sie behandeln Kunden wie Menschen. Jeder von uns ist in seinem Konsumentenleben schon mindestens einmal einem dieser Spitzenverkäufer begegnet. Und wir wissen genau, was so einen Spitzenverkäufer ausmacht. Wir müssen uns dabei nur an unsere Gefühle erin-

nern. Wie fühlen wir uns in der Gegenwart eines wirklich guten Verkäufers? Wir fühlen uns

- willkommen. Mittelmäßige Verkäufer geben uns immer das Gefühl, irgendwie zu stören, lästig zu sein;
- verstanden. Mittelmaßverkäufer hören gar nicht richtig zu;
- gut beraten. Mittelmaßverkäufer bieten uns an, wonach wir nicht gefragt haben;
- in unseren Wünschen akzeptiert. Bei den «geschulten» Verkäufern haben wir den Eindruck, dass sie unsere Bedürfnisse zurechtbiegen möchten;
- als Person akzeptiert. Mittelmaßverkäufer schmeicheln plump, was oft richtig eklig wirkt.

Kurz: Wir fühlen uns in unseren Wünschen und als Person akzeptiert und beraten. Noch kürzer: Man behandelt uns wie Menschen. Das ist eine alte Erkenntnis. Neu ist lediglich, dass die Unternehmen jetzt damit beginnen, diese Erkenntnis in ihren Verkaufsabteilungen zu trainieren. Und nicht nur die Unternehmen. Inzwischen hängt die Trickserei auch den – meist erfahrenen – Verkäufern zum Halse raus. So sagt ein Seminarteilnehmer: «Ich verkaufe mit meinen tausend kleinen Tricks und Kniffen recht gut. Aber befriedigend ist das nicht. Früher habe ich richtig gerne verkauft. Heute denke ich nach Kundenbesuchen oft: Hoffentlich begegnet mir dieser Kunde nicht im Privatleben. Ich könnte ihm nicht in die Augen sehen.» Das ist der springende Punkt. Langfristig bringt die Trickserei nicht nur weniger Umsatz und eine hohe Kundenabwanderung ein, sie treibt die Verkäufer auch in die Erfolglosigkeit, die innere Emigration, in den resignativen Zynismus und schließlich in den Burnout. Es gibt nur eine Möglichkeit, langfristig erfolgreich und gleichzeitig zufrieden mit sich selbst zu verkaufen: Wir müssen Menschen wieder wie Menschen, nicht wie Bestellvieh, behandeln.

Wer nicht lächeln kann, sollte keinen Laden aufmachen.
Chinesisches Sprichwort

P wie Persönlichkeit

Kim und Egon

Verkaufspsychologen schätzen, dass selbst im Investitionsgüterbereich achtzig Prozent der Kaufentscheidung direkt oder indirekt emotional bedingt sind. Die sprichwörtliche Irrationalität («Der hat doch fachlich keine Ahnung!») der Kunden ist im Verkauf ein geflügeltes Wort. Im Volksmund heißt das: «Von dem würde ich keinen Gebrauchtwagen kaufen!» Weil er keine Ahnung von Autos hat (mangelndes Fachwissen)? Weil das Auto nichts taugt? Nein, weil Persönlichkeit des Verkäufers nicht stimmt: die Persönlichkeit verkauft, dann das Produkt – nicht umgekehrt. Wenn mir der Charakter eines Verkäufers nicht passt, kann das Produkt so gut sein, wie nur möglich – ich kaufe zögerlich, wenn überhaupt. Wir alle wissen, wie wichtig die Verkäuferpersönlichkeit ist. Am besten wissen es die Verkäufer selbst. Zum Beispiel, wenn sie scherzhaft bis neidvoll über einen Kollegen sagen: «Der verkauft sogar den Saudis Sand!» Jeder von uns kennt Verkäufer, die stark über die Persönlichkeit verkaufen. Wir wissen, wie erfolgreich das macht. Aber wie machen die das eigentlich? Hören wir uns zwei Verkäufer an.

«Grüß Gott, mein Name ist Kim. Ich bin dreißig Jahre alt und Kundenberaterin in Finanz- und Versicherungsangelegenheiten. Meine gesamte Palette umfasst etwa sechzig Servicepakete. Darunter ist für jeden Kunden und jeden Bedarf etwas. Und das, was wir den Kunden anbieten, hat wirklich Hand und Fuß. Zu den allermeisten von ihnen habe ich auch prima Kontakt.»

«Hallo, ich bin der Egon. Im Verkauf macht mir keiner was vor, dafür bin ich schon viel zu lange dabei. Allerdings muss ich zugeben, dass es in letzter Zeit nicht so gut läuft. Irgendwie sind die Kunden anders geworden, zickiger möchte ich sagen. Ich bin mittlerweile 48 Jahre alt, und, seit ich beruflich denken kann, im Außendienst – in dieser Firma allerdings erst seit einigen Wochen. Seitdem jagt man mich von einer Produktschulung zur nächsten, obwohl ich die Materie wie kein anderer kenne. Vielleicht hätte ich bei meiner alten Firma bleiben sollen; richtig wohl fühle ich mich hier noch nicht. Na ja, als Einzelkämpfer draußen kanns mir egal sein, wie drinnen in der Firma das Betriebsklima so ist.»

Von wem würden Sie lieber beraten werden? Eine rhetorische Frage. Schon an diesen ersten Worten erkennen wir: Kim ist eine sympathische Erscheinung, Egon ein wilder Wadenbeißer. Das Paradoxe daran ist, dass Egon nicht absichtlich seinen Kunden an die Waden geht. Er stolpert lediglich über seine umsatzbehindernde Persönlichkeit. Und das in jeder Verkaufsphase. Wir haben Egon die Frage gestellt: Wie viel Konzentration und Aufwand investieren Sie erfahrungsgemäß in welche Dimension? Hier seine Einschätzung:

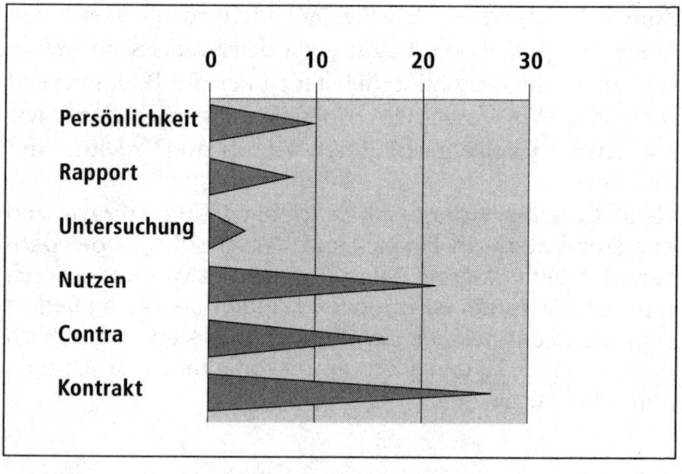

Kim wurde gefragt: Welche Bedeutung haben die Dimensionen für Ihre Verkaufstätigkeit? Ihr Schaubild sieht ganz anders aus.

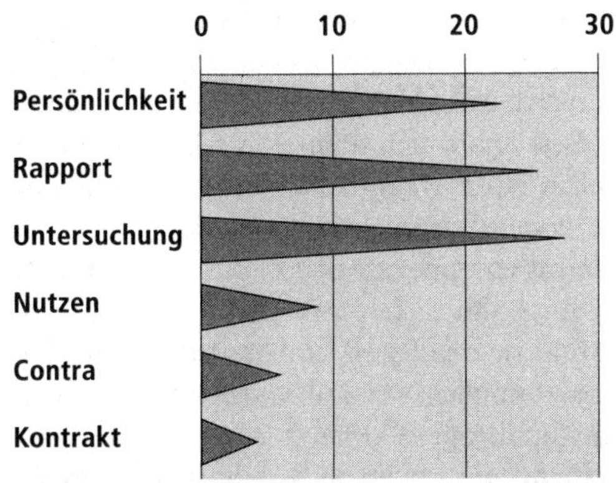

Während Kim Verkaufsphase für Verkaufsphase den Kunden immer stärker zu sich herüberzieht, vergrault ihn Egon – mit den besten Absichten! Egon geht beispielsweise konsequent unvorbereitet ins Kundengespräch: «Es kommt eh ganz anders, als man sich das vorher denkt.» Den Rapport (R) tut er als Gefühlsduselei ab, die im Geschäftsleben unangebracht sei: «Man muss möglichst schnell zur Sache kommen, statt herumzureden. Der Kunde hat seine Zeit nicht gestohlen.» Und auch die Untersuchungsphase (U) hält er kurz: «Nach wenigen Worten weiß man doch, was denen fehlt. Ich kenne meine Pappenheimer.» Dafür hängt er sich ziemlich rein, um sein Angebot möglichst umfassend und beeindruckend zu präsentieren: «Man muss den Leuten zeigen, was Sache ist. Die meisten haben von Tuten und Blasen keine Ahnung.» Und wenn der Kunde etwas einzuwenden hat (C), ist er bei Egon an der richtigen Adresse: «Da kommt immer das Gleiche. Trotzdem ist es anstrengend, den Kunden immer wieder beweisen zu müssen, dass sie falsch liegen.» Auch in die Abschlussphase (K) investiert Egon viel Zeit: «Manche zieren sich wie die Prinzessin auf der Erbse. Da muss ich manchmal ganz schön nachhelfen.»

Es ist paradox. Egon meint es gut und macht es schlecht. Er vergrault seine Kunden, ohne es zu merken, und wundert sich dann noch über deren «Zickigkeit»! Ganz anders geht Kim vor. Sie konzentriert sich auf die ersten drei Phasen des Kundengesprächs: «Der Rest ergibt sich dann von selbst.» Sie geht stets gut vorbereitet in ein Erstgespräch, weil «der erste Eindruck zählt. Für den ersten Eindruck gibt es keine zweite Chance. Außerdem kommt ein guter Kontakt zum Kunden nicht von alleine. Man muss ihn sich erarbeiten.» Und wenns «zur Sache» geht, dreht sie den Spieß um: Statt reden und präsentieren möchte sie möglichst viel über den Kunden herausbekommen, um ihm letztlich akkurat das anzubieten, was er tatsächlich braucht: «Dann unterschreibt er von alleine.» In allen Phasen fasst sich Kim möglichst kurz, um dem Kunden jede Gelegenheit zu bieten, sich selbst zu äußern. Auf diese Weise hofft sie, möglichst wenig Einwände zu provozieren.

«Charakter», hat mal ein weiser Mann gesagt, «nennt man die Fähigkeit, sich selbst im Wege zu stehen.» Egon hat jede Menge Charakter. Er beklagt sich bitter über die wachsenden Widerstände seiner Kunden. Dabei verursacht er diese Widerstände selbst! Er versucht erst gar nicht herauszufinden, was der Kunde eigentlich will. Er knallt ihm ein Angebot hin und wundert sich, wenn der Kunde den hingeknallten Teller («Friss oder stirb!») mit Einwänden quittiert. Einwände, die Egon mit seiner Dampfwalzentechnik selbst provoziert hat.

Persönlichkeit verkauft

Ist Egon ein hoffnungsloser Fall? Wird er ewig dem Umsatz seiner Glanztage hinterherlaufen und junge, dynamische VerkäuferInnen wie Kim zähneknirschend an sich vorüberziehen

lassen müssen? Nein, Egon verkauft inzwischen so glänzend wie ehedem. Wir haben konzentriert an Egons Engpassfaktor «Persönlichkeit» gearbeitet. Das begann damit, dass wir uns zusammen anschauten, wie die Persönlichkeit überhaupt ins Verkaufsgespräch hineinkommt und dort Unheil stiftet.
Die Umgangssprache hat einige Wendungen, die den Transmissionsmechanismus zwischen Persönlichkeit und Verhalten sehr gut illustriert: «Nimms ihm nicht krumm, er ist heute wieder mies drauf.» «Die ist so unzufrieden mit sich selbst, dass sie es an jedem auslässt.» Der Bayer sagt etwas unprätenziös: «Aus einem verkrampften Arsch kommt kein fröhlicher Furz.» Eigentlich recht trivial: So, wie wir uns fühlen,

- so reden wir (Kommunikation);
- so sehen wir andere (Wahrnehmung) und
- so verhalten wir uns ihnen gegenüber (Verhalten).

Leider steckt hinter dieser Trivialität eine Höllenmaschine, die im Verkauf über Spitzenleistung und Mittelmaß entscheidet.

1) Kommunikation. Wer mies drauf ist, verbreitet miese Laune.

Unfreundliche Verkäufer sind keine unfreundlichen Menschen. Sie werden nur unwirsch, wenn sie schlecht gelaunt sind oder sich unsicher fühlen. Dann blaffen sie – unabsichtlich, unbewusst! – ihre Kunden an oder dozieren von oben herab: «Also bitte, das kann doch gar nicht sein. Wie kommen Sie nur darauf?» Der Kunde, der keine Elefantenhaut hat, reagiert verletzt. Der Verkäufer erlebt massive Einwände.
Es gibt jedoch auch den gegenteiligen Kamikaze-Reflex. Egon beispielsweise geht verbal in die berühmte verkäuferische Bauchlage, wenn er sich unsicher fühlt: «So? Meinen Sie? Na ja, wenn Sie das sagen ...» Das ist genauso fatal. Die Bauchlage provoziert den Kunden, Egon unterzubügeln. Gefühle sind alles andere als Schall und Rauch. Sie bestimmen, wie wir

verkaufen, weil sie bestimmen, was wir sagen. Wenn ein Verkäufer Sie anblafft, wissen Sie: Es liegt nicht an Ihnen, der arme Kerl kommt lediglich nicht mit seinem Innenleben klar. Spitzenverkäufer sorgen für die optimale Gefühlslage, bevor sie in den Verkauf gehen. Wie, sehen wir unten.

2) Wahrnehmung. Wer mies drauf ist, sieht nur miese Typen.

Die meisten deutschen Verkäufer leiden unter einer Berufskrankheit: der selektiven Wahrnehmung. Jeder kennt diesen an sich nützlichen Wahrnehmungsfilter. Wer zum Beispiel Hunger hat, sieht in einer Fußgängerzone nur die Pommes-Buden und Restaurants. Das ist ganz nützlich. Die momentane persönliche Disposition – hier: Hunger – steuert die Wahrnehmung. Im Verkauf kann sich die selektive Wahrnehmung jedoch katastrophal oder Umsatz bringend auswirken – je nachdem, wie wir drauf sind. Denn die Persönlichkeit steuert die Wahrnehmung. Wer also schlecht drauf ist, hört nur noch die dummen Sprüche des Kunden. Dass der auch viel Gescheites redet, blendet man automatisch und ohne es zu merken aus.
Egon ist also kein geborener Fiesling, wenn er behauptet, dass «die Kunden keine Ahnung von Tuten und Blasen haben». Er leidet lediglich unter der selektiven Wahrnehmung, die ihm die Sicht verdüstert – und er merkt das noch nicht mal. Bei Kim funktioniert die selektive Wahrnehmung gerade umgekehrt. Da sie ihre Kunden so unglaublich nett findet, nimmt sie nur die netten Dinge wahr, die sie sagen. Auch sie weiß nicht, dass sie an der selektiven Wahrnehmung «leidet» – aber sie verkauft damit besser als Egon. Spitzenverkäufer können ihre Wahrnehmung steuern. Sie entscheiden sich bewusst dafür, das Glas halb voll zu sehen.

3) Verhalten. Wer schlechte Kunden sieht, verkauft schlecht.

So, wie wir fühlen, so nehmen wir die Welt wahr (siehe Seite 30). Und so, wie wir die Welt wahrnehmen, so verhalten wir uns. Weil Egon heute mies drauf ist, hat er seine Schwarzseherbrille auf. «Das wird bestimmt nichts», sagt er und geht in das Kundengespräch. Prompt nimmt seine selektive Wahrnehmung nur noch jene Signale des Kunden auf, die in Richtung Misserfolg deuten. Wenn zum Beispiel der Kunde den Mund verzieht, sinkt Egon der Mut. Dass der Kunde auch lächelt, lässt die selektive Wahrnehmung nicht durch, denn sie wird von Egons Einstellung «Bringt eh nix!» gesteuert. Und um das Unglück perfekt zu machen, passt sich Egons Verhalten nun dieser verfälschten Wahrnehmung an: Er macht ein mürrisches Gesicht, weil er den Misserfolg schon vor sich sieht, und schweift geistig ab: «Hat ja doch keinen Wert!» Den Kunden trifft der Schlag: Hier sitzt er, verhandelt in aller Ernsthaftigkeit, und was macht der Verkäufer? Er schaut zum Fenster raus! Da soll ihn doch das Mäuslein beißen!
Der Abschluss kommt nun wirklich nicht zustande, weil der Kunde Egon unmöglich findet. Doch Egon denkt nur: «Siehste, ich wusste ja, dass dabei nix rauskommt!» Seine pessimistische Prophezeiung hat sich selbst erfüllt, weil Egon sich unbewusst genau so verhalten hat, dass sie sich erfüllen musste. Man spricht deshalb von einer sich selbst erfüllenden Prophezeiung, einer Self-fulfilling prophecy. So bestätigt Egon seine Weltsicht durch sein Verhalten, was ihn durchaus mit Genugtuung erfüllt: «Siehste, wusste ich ja!» – und seinen Umsatz in den Keller treibt. Dass er schlecht verkauft, weil er schlecht drauf ist, bemerkt er nicht. Umgekehrt gilt: Je positiver ein Verkäufer seine Verkaufsaussichten sieht, desto besser verkauft er tatsächlich, weil er nur die positiven Signale wahrnimmt und sich entsprechend positiv verhält. Die Wahrnehmung steuert das Verhalten. Die Falle der sich selbst erfüllenden Prophezeiung kann sich in jeder Phase des Ver-

kaufs auftun. Deshalb umgibt P (in obigem Chart) alle anderen Verkaufsphasen. Mittelmäßige Verkäufer haben ständig Sätze im Kopf wie: «Ich schaffe mein Ziel nicht!» «Der bucht heute bestimmt wieder nur die kleinste Menge.» «Der stellt sich bestimmt wieder quer.» Und meist passiert genau das. Dafür sorgt die sich selbst erfüllende Prophezeiung. Gute Verkäufer haben die richtigen Sätze im Kopf.
Der Verkaufswiderstand ist der ärgste Feind des Verkäufers. Sobald der Kunde Widerstand zeigt, fragt sich der Verkäufer: Was stört ihn am Produkt? An den Konditionen? Soll ich nochmals fünf Prozent runter? Natürlich nimmt jeder Kunde gerne fünf Prozent mit – doch diese fünf Prozent sind meist verschenkt! Denn der wahre Widerstandsgrund liegt meist nicht an P wie Preis, sondern an P wie Persönlichkeit. Wenn während des Verkaufsgesprächs ein Problem auftaucht, prüfen Sie zuerst, ob mit P etwas nicht stimmt.

Der P-Check

Wann immer im Verkaufsprozess ein Problem auftaucht, checken Sie zuerst die P-Variable. Mit allerhöchster Wahrscheinlichkeit liegt die Problemursache hier:

- Wie fühle ich mich gerade? Mit welcher Einstellung sitze ich hier? Was erwarte ich von dem Gespräch? Was sagt meine innere Stimme?
- Wie nehme ich aufgrund meiner Erwartungen die Situation wahr? Welche Brille habe ich gerade auf? Welche Teile der Realität sehe ich gar nicht mehr?
- Und wie rede und verhalte ich mich als Folge meiner (verzerrten) Wahrnehmung?
- Wie könnte ich die Situation stattdessen wahrnehmen? Welche Brille wäre nützlicher? Was ist die bessere Einstellung? Welche Teile der Realität sollte ich wieder einblenden? Was sollte mir meine innere Stimme vorsagen?

Ein ganz prägnantes Beispiel dazu erzählte ein Verkaufsleiter, der in einer Besprechungspause zwei seiner Verkäufer belauschte. Einer sagte: «Kunde X? Was für ein Idiot!» Der andere erwiderte: «Hinter jedem Idioten versteckt sich ein Kunde.» Der eine hatte die Idioten-Brille, der andere die Umsatz-Brille auf. Raten Sie mal, wer besser verkauft. Die Brille steuert das Verhalten. Je schwärzer ein Verkäufer sieht, desto kräftiger wird er die Kundenwade beißen und desto erfolgloser wird er sein.

Der Frust im Verkauf

«Sie haben gut reden», sagte uns ein Anlagenbau-Verkaufsingenieur einmal, «versuchen Sie mal, gut drauf zu sein, wenn Ihnen der Chef auf dem Kopf rumtanzt, der Innendienst pennt und einfach keine Zeit für ein vernünftiges Kundengespräch ist.» Da hat er Recht. Wenn wir Verkäufer fragen, was sie bei der Arbeit behindert und demotiviert, werden meist folgende Störfaktoren genannt:

- unbefriedigende Arbeitsbedingungen;
- störendes Verhalten des Chefs;
- aufwändige und unnötige Vorgaben der Bürokratie;
- keine Zeit.

Jeder würde besser verkaufen, wenn einer oder alle dieser Sabotagefaktoren eliminiert wären. Also beenden wir hier das Buch, wir zahlen Ihnen den Buchpreis zurück, denn das Rezept ist klar: Wenn die Arbeitsbedingungen, der Chef, die Vorgaben und das Zeitbudget stimmen, macht jeder von uns Umsatz wie verrückt. Stimmt das? Aber hallo! Bestimmt würde jeder besser verkaufen, wenn der Chef nett zu ihm wäre. Die Frage ist nur: Um wie viel besser? Natürlich spinnt der Chef mal wieder, natürlich verbummelt der Innendienst den Auftrag und natürlich haben wir zu wenig Zeit für ein vernünftiges Gespräch – aber sind das die entscheidenden

Faktoren? Nein, denn auch unter den Frustfaktoren gibt es wichtige und weniger wichtige. Es gibt eine Hierarchie der Frustfaktoren. Diese Hierarchie der (psycho-)logischen Faktoren eines Menschen zeigt das folgende Schaubild.

Die (psycho-)logischen Ebenen des Menschen (nach R. Dilts)

Die (psycho-)logischen Ebenen einer Person verdichten sich gleichsam in Pyramidenform zum Persönlichkeitskern hin. Die einzelnen Ebenen des Modells beeinflussen sich gegenseitig. Also beeinflusst eine bestimmte Überzeugung in weit stärkerem Ausmaß das konkrete Verhalten als umgekehrt. Die innere Einstellung steuert das äußere Verhalten. Man tut das, wovon man überzeugt ist – nicht umgekehrt. Leuchtet Ihnen ohne weiteres ein? Dann sollten Sie mal einer Gruppe Verkäufer beim Kaffeeklatsch zuhören: «Es ist doch ganz klar, dass die Umsatzmisere vom Missmanagement herrührt. Und der

Innendienst wirft uns doch Knüppel zwischen die Beine, wo er kann! Und überhaupt: Wer soll bei diesem Termindruck noch vernünftig verkaufen?!»

Das ist zwar ein verständlicher Fehlschluss, aber eben ein Fehlschluss. Wenn wir unter Druck stehen, suchen wir die Hauptursachen für Misslingen und Niederlagen auf der untersten Ebene des Modells, in «Umfeld und Umgebung»: Schuld sind immer nur die anderen. Das ist Selbstbetrug. Das Gespräch, das Egon oben versiebte – hat er es versiebt, weil der Chef blöd, die Zeit knapp oder sein Produkt mies ist? Nein, sondern weil er dachte: «Bringt ja eh nichts.» Nicht das Umfeld hat seinen Misserfolg verursacht, sondern der Müll in seinem Kopf.

Die berühmte Fachkompetenz

Bevor wir die innere Müllabfuhr rufen, sollten wir noch rasch ein anderes Missverständnis ausräumen. Haben Sie Lust auf ein kleines Experiment? Dann basteln Sie mal das Anforderungsprofil eines erfolgreichen Verkäufers im Dienstleistungsbereich zusammen, indem Sie einfach den folgenden Satz wiederholt mit einer qualifizierenden Aussage ergänzen. Zum Beispiel:
Der erfolgreiche Verkäufer von heute ...

- ist selbstbewusst und lässt sich nicht von seinen Kunden ins Boxhorn jagen.

Jetzt Ihre Ergänzungen. Sammeln Sie mindestens fünf, maximal so viele, wie Ihnen einfallen:

....

....

....

....

Gewichten Sie nun bitte Ihre Satzergänzungen, indem Sie Rangzahlen von 1 aufwärts vergeben: 1 für das Allerwichtigste, 2 für das Zweitwichtigste usw.
Wenn Sie Ihr Ergebnis anschauen: Kommt der Begriff «Fachkompetenz» (oder etwas Ähnliches) auf Ihrer Liste vor? Wenn ja: Auf welche Stelle haben Sie sie gesetzt?
Wir machen immer wieder die Erfahrung, dass für die meisten Verkäufer die fachliche Kompetenz, also umfassende Kenntnisse über Produkte und Dienstleistungen, ganz oben steht in der Anforderungsprofilliste eines guten Verkäufers. Bei Ihnen auch? Beim ersten Mal ging es Kim ähnlich wie den meisten anderen Kollegen. Auch für sie war gutes Know-how extrem wichtig. Heute allerdings sieht ihre Liste anders aus: Produktkenntnisse erscheinen überhaupt nicht auf ihrem Profil. Ist das nicht ein wenig übertrieben? Meint Kim, dass man auch ohne den blassesten Schimmer vom Produkt verkaufen kann?
Nein, Kim ist lediglich klar geworden, dass Produktkenntnisse zwar ein notwendiges, aber keineswegs ein hinreichendes Kriterium für Verkaufserfolg sind. Produktkenntnisse sind eine selbstverständliche Voraussetzung für ein Kundengespräch – aber sie garantieren keinen Geschäftsabschluss! Stellen Sie sich einfach einen Deep-Blue-Computer vor – den leistungsstärksten Computer der Welt. Angenommen, er hätte sämtliches Know-how, das man überhaupt von Ihren Produkten haben kann. Würde er besser verkaufen als Sie? Nein, denn welcher Kunde würde ein erklärungsbedürftiges Produkt von einem unpersönlichen, kalten und kaum vertrauenswürdigen Blechtrottel kaufen, der einem noch nicht mal die Hand geben kann? Die Persönlichkeit machts. Und leider – oder Gott sei Dank – hat ein Computer (noch) keine.
Dass ich als Verkäufer Ahnung von meinen Produkten habe, sollte sich von selbst verstehen, reicht aber spätestens im Konkurrenzfall nicht aus für einen Auftrag. Verkaufen geht über Produktkenntnisse hinaus – sonst könnte man morgen sämtliche Verkäufer in Deutschland durch Prospekte und

Produktdatenblätter ersetzen. Ein Produkt verkauft sich eben nicht von alleine – dazu braucht es den Verkäufer. Wer also glaubt, dass Fachkenntnisse das Wichtigste im Verkauf sind, sollte aufwachen: Verkaufen ist mehr als Produktkenntnisse abspulen. Dieses Mehr entscheidet, nicht die Produktkenntnis. Und dieses Mehr steckt im Kopf des Verkäufers.

Optimisten verkaufen besser

Entscheidend für den Verkauf ist, was im Kopf vorgeht. Egon hatte vor seinem Gespräch die Einstellung im Kopf: «Kommt eh nichts dabei raus!» Und prompt kam nichts dabei heraus – da konnten die Rezession, der böse Chef und das blöde Produkt überhaupt nichts dazu. Mit so einer Überzeugung kann man eben nicht verkaufen – egal, wie gut Produkte oder Kunden sind. Und erst recht nicht, wenn Produkte und Kunden schwierig sind. Wer verkaufen will, muss die richtige «Munition» im Kopf haben. Welche? Wenn wir die Persönlichkeit von Topverkäufern analysieren, indem wir ihnen beim Verkauf zuschauen, beobachten wir immer folgende drei Überzeugungen (dritthöchste Ebene im Modell auf Seite 32), die die erfolgreiche Verkäuferpersönlichkeit ausmachen:

- Optimismus,
- Identifikation,
- Respekt.

Natürlich gibt es noch viele andere Persönlichkeitsfaktoren. Doch diese drei sind jene mit der höchsten Wirkung. Schauen wir sie uns genauer an.
Machen wir einen Test. Wie hoch schätzen Sie Freundlichkeit und Verkaufserfolg von Verkäufern ein, die folgende Standardsätze verwenden?
«Mit diesem Produkt kann man keinen Blumentopf gewinnen.»
«Die Kunden kapieren das nie.»

«Wir haben eben eine Rezession!»
«Das ist nicht so einfach, wie Sie denken!»
Und für wie freundlich und erfolgreich halten Sie Kollegen, die folgende Sprüche pflegen?
«Da haben wir schon ganz andere Problemartikel verkauft.»
«Nur Geduld, das bringe ich denen auch noch bei.»
«In guten Zeiten gehts allen gut, in schlechten nur den Guten.»
«Warum kompliziert, wenns auch einfach geht?»

Es liegt auf der Hand: Optimisten verkaufen besser. Das ist übrigens wissenschaftlich bewiesen. Der US-Forscher Martin Seligman untersuchte Versicherungsvertreter der US-Versicherung Met Life. Klinkenputzen im Haus-zu-Haus-Policenverkauf ist so frustrierend, dass drei Viertel aller neuen Versicherungsverkäufer in den ersten drei Jahren aufgeben. Seligman wollte nun herausfinden, was die überlebenden Erfolgstypen ausmacht. Ihre überragende Verkaufstechnik? Ihre eiserne Hartnäckigkeit? Ihre lückenlose Produktkenntnis? Nichts da. Seligman entdeckte, dass am ehesten die Optimisten überlebten. Neu eingestellte Vertreter mit optimistischem Weltbild verkauften in den ersten zwei Jahren 37 Prozent mehr Versicherungen als die Pessimisten. Außerdem gaben von den Pessimisten doppelt so viele im ersten Jahr auf wie von den Optimisten. Ergo: Optimismus ist die wichtigste Eigenschaft im Verkauf. Die Versicherung hatte bisher Bewerber eingestellt, die dem Persönlichkeitsprofil der erfolgreichsten Verkäufer besonders nahe kamen. Seligman bewies nun, dass das Unsinn war, indem er aus den abgelehnten Bewerbern eines Jahrganges die stärksten Optimisten aussuchte, einstellen ließ und deren Umsatz ermittelte: Er lag deutlich über dem Umsatz der nach dem alten Einstellungstest Eingestellten. Seither stellt Met Life die größten Optimisten ein – die anderen Eigenschaften werden zweitrangig bewertet.
Die Amerikaner sagen: Success is a mind game. Erfolg entsteht im Kopf. Optimisten verkaufen besser, weil sie nach

einem versiebten Verkaufsgespräch denken: «Mann, war der Kunde heute aber mies drauf – beim Nächsten wirds bestimmt besser.» Pessimisten denken «Oje, mein Monatsziel schaffe ich so nie» und bringen die schlechte Laune gleich dem nächsten Kunden mit. Optimisten verkaufen besser, weil sie Misserfolge schneller wegstecken: «Kann ja nur noch besser werden.» Pessimisten denken: «Das kommt ja immer schlimmer.» Und weil beide Überzeugungen Sich-selbst-erfüllende-Prophezeiungen sind (s.o.), wird es beim Optimisten tatsächlich besser, beim Pessimisten immer schlimmer.

Es gibt eine noch viel augenfälligere Erklärung für den Erfolg der Optimisten. Optimisten sind freundlich, sie behandeln Kunden wie Menschen. Denn Optimismus beeinflusst stark das Auftreten. Einen Optimisten erkennt man an seinem offenen Augenkontakt, dem freundlichen Lächeln, der aufrechten, selbstbewussten Körperhaltung und der ruhigen, selbstsicheren Stimme. Und dieses Auftreten verkauft natürlich besser als die schlechte Laune, die ein Pessimist verbreitet.

Wenn Ihnen also demnächst wieder ein Verkäufer an der Wade hängt, ist das nicht unbedingt persönlich gemeint. Der Wadenbeißer ist möglicherweise nur ein armer Pessimist, der seine Schwarzbrille nicht abbekommt. Aber dieses Wissen ist nur ein schwacher Trost.

Identifikation

Warum verkaufen Deutschlands Verkäufer so schlecht? Weil ihnen vieles im Grunde schnurzpiepegal ist. Doch an guten Verkäufern sehen wir: Je stärker sich ein Verkäufer mit seiner Afgabe identifiziert, desto besser verkauft er. Eine unserer Kundenfirmen in der Versicherungsbranche hat eine eigene Abteilung für Softwareentwicklung. Sie entwickelte die Software für den Hausgebrauch. Als einige Kunden sahen, wie gut die Programme waren, beschloss der Vorstand, die Abteilung auch für externe Kunden zu öffnen. Einige Softwareentwickler stürzten sich mit Elan auf die neuen Aufgaben der Kundenberatung, -betreuung und der aktiven Akquise. Einige andere moserten. Sie erfüllten ihre Verkaufsziele nicht und hatten dafür immer die tollsten Ausreden parat. Ihre Einstellung brachte ein Teilnehmer der Verkäuferschulung auf den Punkt: «Ich bin Softwareentwickler geworden. Hätte ich Verkäufer werden wollen, dann hätte ich das von Anfang an und woanders werden können.» Klar, dass man mit dieser Einstellung nicht verkaufen kann.

Die Egons unter den Softwareentwicklern identifizierten sich nicht mit ihrer neuen Tätigkeit, dem Verkauf. Sie nahmen die neuen Vorgaben der Geschäftsführung mehr oder weniger laut murrend hin und waren ansonsten äußerst kreativ und einfallsreich darin, ihre verkäuferischen Misserfolge mit allen möglichen Argumenten zu begründen. Natürlich hatten sie bis dato noch nicht Verkaufen gelernt und trainiert. Doch was ihnen in erster Linie fehlte, war nicht die Verkaufstechnik, sondern die notwendige Identifikation mit ihrem neuen Job. Identifikation ist das Schlüsselwort zum Thema Persönlichkeit. Man verkauft umso besser, je besser man sich identifiziert:

- mit der Tätigkeit (des Verkaufens);
- mit den eigenen Produkten und Dienstleistungen;
- mit der eigenen Firma sowie
- mit dem Kunden (seinem Daseinszweck sowie seinen Anliegen).

Die Identifikation der Softwareberater mit ihren Produkten und auch mit der Firma war zweifelsohne hundertprozentig. Weniger identifizierten sie sich jedoch mit den Anliegen der Kunden («die alle von Tuten und Blasen keine Ahnung haben»), und schon gar nicht mit der Tätigkeit «Verkaufen über Beraten». Diese Mitarbeiter nun in eine vertriebliche Verhaltensschulung zu stecken, ist ebenso erfolgversprechend wie der berühmten Kuh das Schlittschuhlaufen beibringen zu wollen. Wenn Verkäufer das falsche Verhalten an den Tag

legen, kann man nicht bloß das Verhalten austauschen – das funktioniert nicht. Sonst könnten alle Kühe Schlittschuh laufen! Deshalb wird auch in der Verkaufsschulung so viel Geld verpulvert. Das Verhalten ist nur das Symptom; das eigentliche Problem liegt ganz woanders, nämlich bei der Einstellung. Verkaufstechnik zu pauken bringt gar nichts – außer dem Trainer sein Honorar – solange die innere Einstellung nicht stimmt. Erst wenn die volle Identifikation da ist, macht es Sinn, Fähigkeiten auszubilden und Verhaltensweisen zu trainieren. Wem die Einstellung fehlt, dem nützt auch die tollste Technik nichts.
Identifikation fällt nicht vom Himmel. Man muss sie sich erwerben, manchmal hart erkämpfen. Daher die Redewendung: «Er hat die richtige Einstellung gefunden.» Er hat sie nämlich gesucht – sie ist ihm nicht zugelaufen. Identifikation ist harte Arbeit. Denn natürlich haben viele Produkte oder Dienstleistungen Mängel, die Firma ist nicht so toll, die Kunden sind oft schwierig und Verkaufen ist an manchen Tagen ätzend. Deshalb sagen sich viele Verkäufer innerlich von Firma, Kunden, Produkten und vom Verkaufen los. Das ist der leichtere Weg: innere Emigration. Der steinigere Weg führt zum Erfolg: Um die offensichtlichen Mängel herum Identifikation aufzubauen. Zum Beispiel wie der oben erwähnte Verkäufer, der sich seine Identifikation mit den Kunden mit der Einstellung zurückholte: «In jedem Idioten versteckt sich ein Kunde.»

Respekt

Spitzenverkäufer sind Berufsoptimisten, vierfach identifiziert und – sie zeigen Respekt. Egon sagt zwar, dass er seine Kunden respektiert – wer würde schon das Gegenteil behaupten? Andererseits lässt er Sprüche ab wie: «Die Kunden haben doch keine Ahnung von der technischen Seite!» Dieser lockere Spruch kostet ihn mächtig Umsatz. Und das, obwohl der

Kunde diesen Spruch nie zu Ohren bekommt. Das braucht er auch nicht, weil diese Art von Einstellung immer irgendwie ankommt – meist über die nonverbalen Signale. Egon runzelt die Stirn, zieht die Augenbraue hoch oder verkneift den Mund, wenn der Kunde «was Dummes sagt». Das tut er unwillkürlich, ohne dass er es merkt – aber der Kunde merkt es.
Die innere Einstellung steuert unsere Körpersprache, meist ohne dass wir es merken – sie ist eben unwillkürlich, wie die Atmung. Der Kunde bemerkt die stummen Signale meist und reagiert verstimmt. Und wer verstimmt ist, kauft nicht oder weniger oder macht mehr Einwände. Der Topverkäufer eines Bauzubehörgroßhändlers sagt: «Ich finde beileibe nicht alle Einkäufer, mit denen ich verhandeln muss, sympathisch. Aber ich respektiere das, was sie erreicht haben.» Das ist der Unterschied zu Egon. Egon respektiert seine Kunden, solange sie «nichts Dummes reden». Der Topverkäufer respektiert sie auch dann noch – denn genau dann kommt es darauf an. Er sucht also ganz bewusst einen Weg, sein Gegenüber trotz, nein, mit all seinen Schwächen und Fehlern zu respektieren. Nicht weil er seinen Nächsten zwangsläufig liebte, sondern weil es sich ohne Respekt eben schlechter verkauft. Wer respektlos verkauft, erntet Einwände oder Absagen.
Das ist es, was Egon noch nicht verstanden hat: Respekt und Anerkennung kommen nicht automatisch. Respekt ist kein Zustand. Respekt ist ein ständiger, gewollter und arbeitsintensiver Vorgang. Von alleine kommt im Verkauf nichts. Von guten Verkäufern weiß man, dass sie hart an ihren Überzeugungen arbeiten und sie auch ganz entschlossen schützen. Als eine Gruppe Kollegen aus Innen- und Außendienst beim Kaffee einen Kunden ziemlich durch den Kakao zog, stand plötzlich einer auf und sagte: «Silke, ich kann verstehen, dass du sauer auf den Kunden bist. Aber wenn du so über ihn herziehst, fällt es mir schwer, ihm heute Nachmittag den nötigen Respekt entgegenzubringen. Aber diesen Respekt brauche ich, um zu verkaufen. Also sei mir nicht böse, wenn ich mir jetzt Zigaretten holen gehe.» Die Gruppe war zuerst

sprachlos, doch dann sagte die Innendienstverkäuferin leise: «Jetzt ist mir auch klar, wieso ich mit dem Kunden nie zurechtkomme. Der merkt, was ich von ihm halte.»
Der deutsche Durchschnittsverkäufer respektiert seinen Kunden nicht die Bohne. Er respektiert seine Wünsche nicht: «Ich wollte eine B-Schiene, und der hat mir eine A-Schiene aufgeschwatzt!» Er respektiert nicht seine Leistungen: «Der behandelt mich wie einen Schuljungen.» Er respektiert ihn weder als Partner noch als Geschäftsmann, noch als Mensch. Die tägliche Praxis ist ein Horrorkabinett der Respektlosigkeiten gegenüber den Kunden. Schlimmer noch: Verkäufer respektieren nicht einmal sich selbst. Ehefrauen von Bankdirektoren berichten regelmäßig über die bis in die Depression reichenden Frustreaktionen ihrer Ehemänner, wenn sie wieder einmal «einem Kunden Honig ums Maul schmieren mussten, um einen Kredit oder eine Anlage zu verkaufen». Diese Erniedrigung frisst sie innerlich auf – und führt zu respektlosen Ausrutschern. Man muss den Kunden respektieren – aber auch sich selbst!
Man denkt ja immer, dass man mit der Radfahrermasche den Auftrag holt, und vielleicht gelingt das ein- bis zweimal. Aber auf die Dauer macht Selbstverleugnung kaputt. Nämlich das Ego des Verkäufers und den Umsatz. Denn der Kunde merkt natürlich, dass man ihm nur Honig ums Maul schmiert. Erst wenn der Verkäufer sich und den Kunden respektiert, ist der Verkauf dauerhaft und zum beiderseitigen Gewinn erfolgreich.

Respektieren Sie und Ihre Verkäufer die Kunden? Es gibt einen Lackmus-Test dafür. Fragen Sie sich einfach, was Sie oder Ihre Verkäufer tun und fühlen würden, wenn Sie einen Kunden zwei Tage nach einem Abschluss zufällig auf der Straße träfen. Der Test ist bestanden, wenn sich beide freuen würden, sich wiederzusehen. Bei Egon ist das nicht der Fall. Er wechselt möglichst unauffällig die Straßenseite, damit ihn der Kunde nicht erkennt. Egon will privat mit Kunden nichts zu tun haben. Nicht nur wegen seines Mottos «Dienst ist Dienst und Schnaps ist Schnaps», sondern auch aus der Angst heraus, der Kunde könnte ihn mit einem Problem oder gar einer Unzufriedenheit konfrontieren. Im Übrigen besitzt er nach eigenen Angaben ein schlechtes Namensgedächtnis: «Diese Peinlichkeit. Der Kunde erwartet natürlich, dass ich ihn mit seinem Namen anreden kann. Jeder denkt, er wäre der einzige Kunde, genauso wie ich für ihn der einzige Ansprechpartner für meine Firma bin. Dann versucht man während der ersten Sätze krampfhaft herauszukriegen, mit wem man es zu tun hat. Dass man sich dabei nicht so auf das Gesagte konzentrieren kann, ist klar. Deshalb sind das auch meistens holprige und unangenehme Gespräche.» Spricht so jemand, der Respekt vor seinen Kunden hat? Ist der Papst evangelisch? Für Kim hingegen gibts keine schönere Bestätigung für ihre Arbeit, als wenn sie unvorhergesehen von Kunden angesprochen wird. Für sie ist das ein Ausdruck für Zufriedenheit mit der Zusammenarbeit, oft gar für Sympathie. «Und wenn wirklich was sachlich Unangenehmes zur Sprache kommt: Gut, dann weiß ich wenigstens Bescheid. Ich kann darauf reagieren und handeln. Und ich habe eine günstige Gelegenheit, mich bei meinem Kunden zu bedanken. Nämlich für sein offenes Feedback, welches mir hilft, noch besser zu werden. Was Besseres kann mir doch gar nicht passieren!» Nicht dass Kim in ihrer Freizeit nichts anderes zu tun hätte, als Business zu machen – doch da sie Kunden wie Menschen behandelt, trifft sie keinen Kunden, sondern einen Menschen. Egons Stress kommt ja nur daher, dass er Menschen wie «Kunden» behandelt und sich selbst damit Stress macht. Einen Menschen kann man locker und entspannt behandeln. Bei einem Kunden geht man innerlich in Hab-Acht-Stellung. Wer Kunden als Menschen respektiert, tut sich selbst damit den größten Gefallen. Denn wenn man den Menschen hinter dem Kunden sieht, fällt schlagartig der Erfolgsdruck und die anstrengende Förmlichkeit des Kontaktes weg und man kann ganz locker von Mensch zu Mensch reden. Außerdem kann man sich die Namen von Menschen viel leichter merken als die Namen von Kunden. Logisch, dass mit dieser «Masche» der Umsatz und vor allem der Spaß am Verkaufen von alleine kommen: Wer Kunden wie Menschen behandelt, motiviert sich selbst. Diese menschenwürdige Behandlung funktioniert nun leider nur unter einer Voraussetzung: **Man muss Menschen mögen;** man könnte sie als die 4M-Haltung bezeichnen. Mag man Menschen nicht, tut man sich schwer im Verkauf. Nun ist Philanthropie, das heißt Menschenfreundlicheit, nicht angeboren. Das Leben macht es einem nicht leicht, immer menschenfreundlich zu sein. Gleichwohl: Möglicherweise hindern Sie lediglich die falsche Einstellung und die selektive Wahrnehmung daran, jene Seiten an Menschen zu sehen, die selbst Sie schätzen könnten. Machen Sie den P-Check (Seite 30). Von Topverkäufern weiß man übrigens, dass sie den P-Check ständig machen. Er läuft wie ein PC-Virensuchprogramm ständig im Hintergrund mit.

Die 3A-Strategie

Viele Verkäufer tun sich außerordentlich schwer, an Einstellungen wie Optimismus oder Identifikation zu arbeiten. Sie suchen lieber Zuflucht bei Tricks und Kniffen. Daran kann man sich zwar gut festhalten. Doch auch an Bumerangs kann man sich festhalten – bis sie zurückkommen. Tricks gehen auf Dauer daneben, weil sie Kunden verstimmen. Das ist nicht allein die Schuld der Verkäufer. Denn viele Verkaufsschulungen und Verkaufsleiter propagieren diese umsatzschädigenden Tricks. Das ist einigermaßen grotesk: Manche Trainer werden dafür bezahlt, den Umsatz zu schädigen. Wir wollen hier gar nicht von den typischen Fuß-in-die-Tür- und Kuli-unter-die-Nase-Methoden sprechen. Dass Hardselling langfristig nicht funktioniert, weiß inzwischen jede(r). Die typischen Eigentor-Tricks sind viel subtiler.
So hat Egon in den verschiedenen Verkaufstrainings, auf denen er schon war, immer wieder eingehämmert bekommen, es hätte sich bei der Terminvereinbarung bestens bewährt, die so genannte Alternativtechnik anzuwenden: «Passt's Ihnen besser am Dienstag um 10 Uhr oder am Donnerstag gegen 16 Uhr?» Und er selbst schwört auch darauf – wendet er sie doch schon seit Jahren an! Neuerdings wundert er sich allerdings, dass diese Überrumpelungstaktik immer weniger funktioniert. Denn darum handelt es sich bei diesem Trick: um Überrumpelung. Wenn man den Kunden fragt: «Haben Sie in der nächsten Woche Zeit für mich?», sagt dieser vielleicht: «Nein!». Wenn man ihm aber gleich eine Terminalternative präsentiert, kommt der Kunde – so die

Milchmädchenlogik – gar nicht auf den Gedanken, dass er auch ablehnen könnte. Leider hat sich diese List in letzter Zeit etwas totgeritten. Der Kunde kennt den Trick – weil ihn fast jeder anwendet – und reagiert allein deshalb schon verstimmt. Nicht nur, dass diese Masche immer weniger zieht; sie schadet auch der Beziehung. Der Kunde bemerkt die Manipulationsabsicht des Verkäufers und wartet darauf, es ihm heimzuzahlen.

Kim kennt den Trick noch nicht und hat deshalb bei einem ihrer ersten Kunden gefragt: «Ich würde gerne nächste Woche wieder mit Ihnen sprechen. Dann liegt das Ergebnis Ihrer Portfolio-Analyse vor. Mittwochs haben Sie Abteilungskonferenz, richtig? Dann sollten wir einen anderen Tag nehmen. Wann würde es Ihnen denn passen?» Jetzt war der Kunde wirklich überrumpelt. Er hatte mit dem alten Alternativtrick gerechnet und erhielt plötzlich echtes Interesse. Und er war mehr als ein bisschen gerührt, dass Kim sich an seinen Terminkalender erinnerte. Dabei ist Kim kein Genie. Sie hat nur die richtige Strategie – die «3A-Strategie»: Sie verkauft anders als die anderen.

Anders als andere zu verkaufen ist aus vielen Gründen erfolgreich.

Erstens passt nicht jede Masche zu jedem. Bei manchen hochseriösen Verkäufern wirkt es zum Beispiel äußerst lächerlich, wenn sie den Kunden plötzlich nach persönlichen Dingen fragen, nur weil sie das auf dem Clienting-Seminar gelernt haben.

Zweitens funktioniert ein Trick nicht mehr, wenn ihn alle anwenden. Ein hochrangiger Angestellter einer Krankenkasse fuhr den Projektleiter bei seiner Unternehmensberatungsgesellschaft unlängst an, als dieser sich mit «Was kann ich für Sie tun?» am Telefon gemeldet hatte: «Kommen Sie mir nicht damit! Sie sind heute schon der Zwölfte, der mich das fragt. Fällt euch eigentlich nichts anderes ein?»

Auch deshalb ist, drittens, der Kunde wirklich überrascht, wenn mal was anderes kommt.

Viertens wird der, der nur nachahmt, allerhöchstens zweiter Sieger.

Und fünftens unterscheidet man sich, wenn alle dasselbe machen, wieder nicht vom Mitbewerber! Das, was man tut oder sagt, muss ernst gemeint sein und darf keine Floskeln enthalten. Also verhält man sich am besten so, wie es einem persönlich am besten entspricht – dann ist man automatisch **anders als andere,** *weil jeder Mensch anders ist.*

Viele Verkäufer schaffen das nicht. Verkaufen ist stressig und nichts hilft gegen Stress besser als ein alter Trick, an dem man sich festhalten kann. Dagegen erfordert es ziemlich Mut, sich so zu geben, wie man ist – eben menschlich. Das heißt, jahrelang haben Verkaufsleiter und -trainer die Verkäufer zu hunderten kleiner Tipps, Tricks und Techniken erzogen. Inzwischen verhalten sich Verkäufer vorhersagbarer als Beamte. «Wann immer ich die Stirn runzle», sagt ein Einkäufer, «gibt er nochmals zwei Prozent drauf. Anstatt mich mal zu fragen, was mich denn eigentlich stört.» Kein Wunder, ist Kim schon zu einer der beliebtesten und erfolgreichsten Verkäuferinnen geworden. Sagt ein Kunde: «Mit ihr kann man wie mit einem normalen Menschen reden. Sie manipuliert einen nicht ständig.»

Um noch einmal auf die schon zitierte amerikanische Bank einzugehen: Während es in der Branche üblich ist, die Kunden dazu zu bewegen, die Geldautomaten, das Telefon und/oder das Onlinebanking zu benutzen statt die Bank aufzusuchen, stattete die Granite-Bank ihre Zweigstellen mit neuen Möbeln aus – mit Sofas und Lehnstühlen, damit sich die Kunden wie zu Hause fühlen. Hier werden gleich zwei Fliegen mit einer Klappe geschlagen. Statt den Kunden zu Techniken zu erziehen, die er möglicherweise nicht möchte, wird er hier wirklich ernst genommen. Gleichzeitig ist das Verhalten der Granite-Bank ein gänzlich anderes als bei allen anderen Banken. So streicht man seine Alleinstellungsmerkmale heraus. Selbstverständlich hat die Bank auch den 24-Stunden-Telefonservice und das Homebanking für die Kunden, denen dieser Service wichtig ist. Aber sie schert nicht alle Kunden über einen Kamm wie andere Banken! Von einigen deutschen Banken ist ja bekannt, dass sie ihre Kunden förmlich aus den Schalterhallen rausgeekelt haben. Statt nun das angepriesene Homebanking zu benutzen, sind viele dieser Kunden zur Konkurrenz abgewandert. Wer trickst, den bestraft die Konkurrenz.

Die Grundformel für Erfolg: Die Strategie der Ziele und der Wirkungen

Haben Sie bis hierher irgendetwas Neues erfahren? Nein. Alles Gesagte ist Ihnen entweder bekannt oder spontan einleuchtend. Warum tun Sies dann nicht? Weil es Ihnen wie den meisten Verkäufern nach einem Seminar geht: «Gute Ideen, aber irgendwie klappt das in der Realität nicht so toll, wie sich das im Seminar angehört hat.» Vielleicht sind die Ideen tatsächlich nicht so gut. Vielleicht liegt es aber auch daran, dass man sie in der Praxis falsch umsetzt. Von beiden Möglichkeiten ist die letzte die häufigere. Es gibt viele Gründe, weshalb Verkäufer zwar sehen, wie sie besser verkaufen könnten, es dann aber nicht schaffen. Gehen wir die wichtigsten vier durch, die uns täglich daran hindern, besser zu werden.

Ziele setzen

Viele Vorhaben scheitern schon am Vorsatz: «Ich will meine Kunden mit mehr Respekt behandeln.» Nach einer Woche fragt Egons Frau: «Na, hast du?» Egon kratzt sich am Kopf. Kim hat sich dagegen vorgenommen: «Ich pauke alle Namen meiner Kunden, bis ich sie im Schlaf kann – so viele sind es ja nicht.» Egon konnte sein Ziel gar nicht erreichen, weil es viel zu schwammig war. Kim hatte das klarere, präzisere, praktikable Ziel. Je klarer ich meine (minimalen und maximalen) Ziele sehe, desto sicherer werde ich sie erreichen. Bedingung jedoch ist, dass diese Ziele in Einklang mit meinen Werten stehen. Denn diese Übereinstimmung ist die Quelle meiner Motivation und Energie. Wenn ich mir ein Ziel setze, das ich innerlich ablehne, ist klar, wo die Reise endet.

Zielorientiert handeln

Das zweite Hindernis, an dem die Änderungsabsichten vieler Verkäufer scheitern, ist die Kluft zwischen Zielsetzung und *Handeln.* Ein ansprechendes Ziel zu haben, ist das eine. Sich dann aber tatsächlich in Bewegung zu setzen, ist das andere. Viele Menschen träumen ihr Leben lang von Dingen, die sie gerne erreichen möchten, ohne je einen ersten, zweiten, dritten … Schritt zu unternehmen. Viele Verkäufer sagen: «Ich müsste einfach mit mehr Optimismus in die Kaltakquise gehen, dann hätte ich keine solchen Schwellenängste.» Doch dabei bleibt es auch schon: beim Vorsatz. Der Volksmund sagt: «Probieren geht über Studieren.» Erst wenn wirs ausprobieren – immer und immer wieder – ist der Erfolg möglich.

Wirkungen wahrnehmen

Ein Schmiermittelverkäufer verriet mir: «Ich habe meinem Kunden schon hundertmal gesagt, er soll seinen Kleinteilewäscher erst vorreinigen. Der kapiert das nie.» Umgekehrt ist richtig: Der Verkäufer kapiert das nie. Wenn ich hundertmal den Zündschlüssel drehe und der Motor nicht kommt, wird es Zeit, dass ich mir etwas anderes überlege. Starterkabel, zum Beispiel. Die mangelnde *Wahrnehmung* der Wirkung ist der dritte Grund, weshalb viele Verkäufer nicht so gut verkaufen, wie sie eigentlich wollen und könnten. Nach jedem Mal

Ausprobieren (also Handeln s.o.) sollte man sich fragen: Was hat funktioniert, was nicht? Warum nicht? Je exakter ich die Resultate meiner Handlungen erkenne, desto konstruktiver kann ich reagieren.

Flexibel sein

Die Amboss-Mentalität ist schließlich der vierte Grund dafür, dass Verkäufer jahrelang denselben Stiefel daherreden. Sie sehen, dass schon wieder ein Kunde sauer wird, und reagieren frustriert: «Ich schaffe das nie.» Das ist eine ziemlich unflexible Reaktion: Kopf in den Sand. Oder sie sagen: «Blöder Kunde!» Auch das ist nicht gerade die *Flexibilität*, die Erfolg ermöglicht. Erfolg braucht Flexibilität. Das heißt, wenn mir die wahrgenommenen Ergebnisse (also *Wahrnehmung* der *Wirkung*) meines Handelns nicht gefallen, ändere ich meine Vorgehensweise so lange (also *flexibel sein*), bis die erzielten Resultate mit meinen Vorstellungen übereinstimmen. So gesehen gibt es keine Misserfolge, schon gar keine Niederlagen, sondern nur Ergebnisse. Ergebnisse, aus denen ich lernen kann, meine Vorgehensweise mehr und mehr zu verbessern. Ich verändere also mich – anstatt die anderen verändern zu wollen (was in den meisten Fällen nicht funktioniert!).

«Sie mögen noch so genial und fachkompetent sein – wenn Sie keiner mag, werden Sie nicht viel Erfolg beim Kunden haben.»
Verkaufsleiter zum Verkäufer

R wie Rapport

Die Beziehungsdilettanten

Jeder Verkäufer weiß: Je besser die Beziehung zum Kunden, desto leichter und besser läuft der Verkauf. Die meisten Verkäufer leiden unter den chronisch schlechten Beziehungen zu den Kunden. Das, was der Volksmund prosaisch «Geschäftsbeziehung» nennt, ist im Normalfall eine ganz üble Beziehungskiste. Geschäftsbeziehung heißt:

- Das Menschliche hat hier nichts zu suchen. Die Beziehung ist sachlich-unterkühlt.
- Dem Kunden ist der Verkäufer im Grunde piepegal.
- Er sieht keinen Anlass, sich für diesen Verkäufer mehr zu engagieren als für alle anderen.
- Er hat letztlich nur seine eigenen Interessen im Auge. Die Interessen des Verkäufers kümmern ihn nicht.
- Der Verkäufer kann persönliche Anliegen nur mit großem Kraftaufwand durchsetzen, wenn überhaupt. Er fühlt sich ausgenutzt.
- Bereits kleine Meinungsunterschiede oder geringfügige Probleme können zu großen Schwierigkeiten führen: Widerstand, Reklamation, Auftragsreduktion, «Zicken», Auslistung.
- Aus Kundensicht sind der Verkäufer und seine Leistungen letztlich austauschbar.

Solange die Geschäftsbeziehung wirklich rein geschäftlich ist, ist der Verkäufer austauschbar. Ständig ist er vom Damoklesschwert der Auslistung bedroht. Denn beim kleinsten Anzeichen von Problemen kann der Kunde abspringen. Was hält ihn denn? Den gleichen Service und die gleichen Produkte findet er auch anderswo. Verkäufer, die ohne guten Rapport verkaufen, sind austauschbar. Das wissen sie und darunter leiden sie. Deshalb klagen sie so häufig über den Mitbewerb. Er erinnert sie an ihre Austauschbarkeit.

Rein geschäftsmäßige Kundenbeziehungen haben einen umsatzbedrohenden Nachteil: Sie halten nicht lange und sind nicht profitabel. Sachlich-unterkühlte Kundenbeziehungen korrelieren stark mit geringer Kundenzufriedenheit und geringer Kundenverweildauer. Jeder Verkaufsleiter hat Verkäufer, denen ein bestimmter Prozentsatz Kunden regelmäßig abwandert, und Verkäufer, die fast alle ihre Kunden jahrelang halten. Nimmt man letztere Verkäuferspezies etwas genauer unter die Lupe, erkennt man, dass diese Verkäufer ihre Kunden über die Beziehung halten. Und diese Beziehungen sehen ganz anders aus als die übliche Geschäftsbeziehung:

- Der Kunde behandelt den Verkäufer nicht wie Meterware.
- Der Verkäufer besitzt zumindest die professionelle Wertschätzung, womöglich die Sympathie des Kunden.
- Der Kunde betrachtet den Verkäufer nicht als Befehlsempfänger mit Lieferantenstatus, sondern als gleichberechtigten Partner.
- Deshalb spielt er auch nicht die üblichen Einkäufertricks und -spielchen mit ihm, sondern es herrscht ein ehrlicher und offener Umgangston.
- Er nutzt nicht jeden kleinen Fehler von ihm aus, um den Verkäufer herunterzuhandeln oder unter Druck zu setzen, sondern er verhält sich fair und reagiert verständnisvoll bei auftauchenden Problemen.
- Er verzeiht ihm schon mal gröbere Fehler.
- Er denkt nicht daran abzuspringen, denn er empfindet den Verkäufer als guten Partner.

Produkt und Service sind in saturierten Märkten völlig austauschbar. Die Beziehung ist das Einzige, womit sich der

Verkäufer eine Alleinstellung erarbeiten kann. Seine Produkte und Dienstleistungen mögen austauschbar mit denen des Mitbewerbes sein – er selbst ist es nicht. Er ist nicht länger Verkäufer, sondern Freund und Partner des Kunden. Und einen guten Freund schickt man nicht so ohne weiteres in die Wüste. Deshalb ist Beziehungsarbeit in saturierten Märkten so kolossal wichtig: Sie sichert das Überleben.

Beziehungshindernisse

Wie wichtig eine gute Beziehung zum Kunden ist, wissen eigentlich alle Verkäufer. Doch Wissen und Handeln sind nicht dasselbe. Man sieht das sehr schön an Kim und Egon. Man sieht es sogar schwarz auf weiß. Egon hat beispielsweise eine höhere Kundenfluktuation, eine höhere Reklamationsquote, schwächere Kundenzufriedenheitswerte und eine geringere Kundenverweildauer als Kim. Warum funktioniert Kims Beziehungspflege und Egons nicht? Steckt hinter Egons Kundenindolenz etwa Absicht?
Verkäufer werden oft und gerne als professionelle Beziehungskiller dargestellt: «eiskalt im Abschluss», «würde seine eigene Großmutter verkaufen», «kalt wie Hundeschnauze». Solche Verkäufer gibt es zwar, aber meiner Erfahrung nach sehr selten. Die meisten Verkäufer bemühen sich ehrlich um eine gute Beziehung zum Kunden. Sie stellen sich dabei jedoch häufig so ungeschickt an, dass das Gegenteil herauskommt. Egon beispielsweise geht mit einer völlig falschen Einstellung an die Beziehungspflege heran. Er schafft ein Paradoxon: Gerade weil er seine Beziehungen pflegt, gehen sie in die Brüche. Egon selbst weiß gar nicht, woran das liegt. Er sagt zum Beispiel: «Die Chemie ist das A und O. Wenn die Chemie stimmt, kannst du alles mit dem Kunden machen. Er schaut nicht mehr so genau hin, lässt sich mehr gefallen, ist nicht mehr so kritisch. Und höhere Preise schluckt er auch.» Jeder, der schon mal verliebt, verlobt, verheiratet war, kann

über Egons Blauäugigkeit nur lachen. «Wenn mein Männe mir Blumen bringt», sagt Gerda, 25 Jahre verheiratet, «kann ich drauf wetten, dass er was verbockt hat.» Solche Blumen nannte man früher Drachenfutter. Sie sollten das Nudelholz nach einer durchzechten Nacht dämpfen. Sie sind durchschaubar. Auch Egon wird durchschaut.

Der Kunde merkt irgendwann, dass Egon sozusagen «aus niederen Beweggründen» nett zu ihm ist. Die Absicht, über die Beziehung zu verkaufen, sabotiert sich selbst. Daher Egons Kundenfluktuation. Seine Beziehungen dauern gerade so lange, bis der Kunde merkt, was gespielt wird, und daraus Konsequenzen zieht. Manchmal dauert das Wochen, manchmal Monate. Der Kunde durchschaut irgendwann Egons Einstellung: «Ich schätze dich als Mensch und Geschäftspartner nur so lange, wie du bei mir kaufst.» Das ist keine Beziehungspflege, das ist Manipulation. Und Manipulation funktioniert niemals langfristig. Ein ehernes Prinzip der Beziehungspflege lautet: *Nur zweckfreie Beziehungen funktionieren.*

Soll die Beziehung funktionieren, muss sie «zweckfrei» sein. Egon kann das nicht glauben: «Wozu soll ich denn eine gute Beziehung aufbauen, wenn ich damit gar nicht verkaufen will?» Das ist das Paradoxe am Rapport. Wer eine gute Beziehung aufbaut, um damit zu verkaufen, verkauft nicht (langfristig gut). Wer eine Beziehung aufbaut, um sich gut mit dem Kunden zu verstehen, verkauft gut. Kim bringt es auf den Punkt: «Eine gute Beziehung heißt für mich: Selbst wenn mir der Kunde morgen den Vertrag kündigt, können wir noch einen Kaffee miteinander trinken.» Das ist es. Eine gute Beziehung lebt unabhängig vom Verkauf. Erst dann nützt sie dem Verkäufer – weil sie erst dann dem Kunden nützt.

Dieses Prinzip der Beziehungspflege ist für viele Verkäufer starker Tabak. Alles, was sie bislang getan und gedacht haben, war streng linear zweckbezogen. Ich fahre einen dicken BMW, damit ich besser wirke. Ich lächle, damit ich besser verkaufe. Ich amüsiere mich über die doofen Witze des Kunden, damit ich sympathisch wirke. Und jetzt soll ich nett zum Kunden sein, ohne damit besser verkaufen zu wollen? Schwierige Kiste. Selbst Eltern fällt es bekanntlich schwer, eine zweckfreie Beziehung zu ihren eigenen Kindern aufzubauen. Man denke nur an die versteckten Botschaften: «Wenn du Hirnchirurg wirst, bist du ein guter Sohn.» «Als Mädchen brauchst du nicht zu studieren – heirate.» Kein Wunder, dass es so oft Zoff zwischen Eltern und Kindern gibt. Die versteckten Absichten belasten die Beziehung.

Wenn selbst Eltern nur mit Mühe eine zweckfreie Beziehung zu ihren Kindern aufbauen können, wie soll man es dann vom Verkäufer erwarten? Um der Wahrheit die Ehre zu geben: Spitzenverkäufern gelingt dieses Kunststück meist viel leichter und schneller. Weil sie talentierter sind? Weil sie mehr Abstand haben? Nein, weil sie von der Beziehung leben (müssen). Der Spitzenberater einer Geschäftsbank berichtet: «Irgendwann habe ich kapiert, dass ich nicht zuerst auf den Abschluss, sondern zuerst auf die Beziehung achten muss. Dann kommt auch der Abschluss.»

Wenn das so klar ist, warum sind dann Verkäufer immer noch als solche Beziehungsdilettanten verschrien? Weil es ihnen nicht leicht gemacht wird. Die meisten Verkäufer versuchen es wirklich ernsthaft mit der Beziehungspflege. Aber sie geben zu schnell auf. Denn Beziehungspflege steckt voller böser Überraschungen. Oft kommen diese aus gänzlich unerwarteten Ecken. Zum Beispiel vom Kunden selbst: Kunden wollen nämlich gar keine gute Beziehung! Der Kunde, der als Erster von einer fairen und partnerschaftlichen Beziehung profitiert, ist seltsamerweise der Erste, der diese Beziehung behindert. Er drückt dem Verkäufer nicht die Hand und dankt ihm für die gute Beziehungspflege. Er zeigt ihm zuerst mal die kalte Schulter. Egon sagt: «Die Ablehnung in den ersten Gesprächsminuten schlägt einem entgegen wie schlechter Atem.» Der Verkäufer, der sich mühsam durchgerungen hat, es ausnahmsweise mal ehrlich zu meinen und ganz ohne Verkaufsabsichten Beziehung zu machen, reagiert prompt

und schaltet auf die alte Masche um: Genug geraspelt, jetzt wird wieder Tacheles geredet!
Dieser Schwellenschock veranlasst viele Verkäufer, die eben auf teuren Seminaren zeitintensiv erlernte Beziehungspflege schlagartig in den Papierkorb zu befördern. Der Kunde profitiert wie kein anderer von einer zweckfreien und ehrlichen Beziehung – und was bringt er ihr entgegen? Misstrauen! Er geht mit der Einstellung ins Gespräch: «Du bist nur deshalb so nett und zuvorkommend, weil du mir was verkaufen willst!» Und die selektive Wahrnehmung (s. Kapitel 2) sorgt dafür, dass sich dieser Irrtum selbst bestätigt. Warum ist der Kunde ein so misstrauisches Wesen? Die «Süddeutsche Zeitung» vom 29.10.1996 versucht eine Erklärung: «Letztlich erschlägt den Anlagewilligen die verwirrende Vielfalt, *und er bleibt dem Berater ausgeliefert, der in erster Linie meist Verkäufer ist …*» Wer sich ausgeliefert fühlt, reagiert mit Misstrauen. Dass Egon darauf behauptet: «Siehste, die Kunden wollen ja gar nicht diesen ganzen Beziehungsquatsch!», ist zwar verständlich, aber trotzdem ein trauriger Trugschluss. Beziehungen gehen erst hinter der Schwelle los. Kim reagiert anders als Egon auf die Beziehungsschwelle. Sie sagt: «Ich achte darauf, nicht unbewusst das anfängliche Misstrauen des Kunden auf ihn zurückzuspiegeln. Wenn ich einige Minuten lang guten Willen demonstriere, taut er auf.» Wer das anfängliche Misstrauen sanft, aber zielstrebig überwindet, anstatt Gleiches mit Gleichem zu vergelten, wird belohnt. Diese einmalige Vorleistung ist zwar einseitig und Kraft raubend, doch sie zahlt sich aus. Eine Schwelle ist keine verschlossene Tür. Die Schwelle des Misstrauens muss man lediglich überschreiten, um vorwärts zu kommen.

Fünf Tipps für gute Beziehungen

Im Grunde ist jeder gute Verkäufer um eine gute Kundenbeziehung bemüht. Leider vereiteln viele die hehre Absicht,

indem sie in kritischen Situationen falsch reagieren. Betrachten wir einige dieser kritischen Wegstellen.
Viele Verkäufer zerstören eine Beziehung, noch bevor sie überhaupt begonnen hat. Sie sind buchstäblich zu durchsichtig. Den meisten Verkäufern sieht man nämlich schon an der Miene an, was sie vom Kunden halten. Ihr Gesicht spricht Bände. «Ein komischer Kauz», denkt Egon über einen Testkunden, als dieser zum wiederholten Male umständlich und sorgenvoll nach bestimmten Tilgungsmodalitäten fragt. Das mag schon etwas kauzig sein, doch mit dem Etikett «Komischer Kauz» demontiert Egon seine eigenen Erfolgsaussichten. Denn der Kunde spürt die Geringschätzung – Egons nonverbale Signale und sein Gesprächsverhalten verraten ihn – und reagiert mit Widerstand. Kim dagegen meint: «Mir fiel auf, dass er sehr empfindlich war, was die Tilgungsmodalitäten anbelangt.»

**Beziehungstipp 1:
Akzeptieren Sie die individuellen Eigenarten des Partners.**

Menschen haben Macken. Punkt. Das Dümmste, was man damit anstellen kann, ist, sie zu bewerten. Der Kunde merkt sofort, was Sie von ihm halten, und reagiert entsprechend. Ein kluger Verkäufer wertet nicht. Er weigert sich strikt, in Kategorien wie «normal» oder «seltsam» zu denken. Er nimmt die Eigenarten seines Gegenübers einfach nur wahr, so wie sie sind. Das ist schwierig genug. Denn unser Spontanimpuls geht sofort zur Wertung: «Der ist aber doof, klug, hässlich, sportlich, naiv …»
Diese Abstinenz vom Vorurteil ist nicht etwas, was man schnell einmal so aus dem Ärmel schüttelt. Dazu benötigt man einige Übung und etliche missglückte Versuche, bevor es funktioniert. Man muss den Spontanimpuls der unwillkürlichen (Ab-)Wertung durch unbedingte Akzeptanz ersetzen. Das benötigt zwar etwas Training. Aber es hat einen entscheidenden Vorteil. Man umgeht damit die Sympathiefalle. Die

meisten Verkäufer beraten nämlich am liebsten und am profitabelsten Kunden, bei denen «die Chemie» stimmt. Tatsächlich hat das nichts mit Chemie zu tun. Diese Kunden sind den Verkäufern lediglich unterbewusst sympathisch. Den Unsympathischen verkaufen sie höchst ungern und damit wenig erfolgreich. Welches Umsatzpotenzial verloren geht, wenn man nur sympathischen Kunden gut verkauft! Durch die «Macken-Akzeptanz» umgeht man die Sympathiefalle höchst elegant. Sobald man sich über die Eigenarten der Kunden nicht mehr aufregen muss, verkauft man selbst schwierigsten Kunden gut.

Spitzenverkäufer gehen noch weiter. Sie akzeptieren die Eigenarten des Partners nicht nur vorurteilsfrei, sie gewinnen ihnen auch noch Positives ab. Zum Beispiel Kim: «Schön, dass er sich schon jetzt über die Rückzahlung Gedanken macht.» Auch das merkt der Kunde und reagiert positiv. Natürlich ist es ein kleines Kunststück, binnen Sekundenbruchteilen auf eine offensichtliche Absonderlichkeit eine positive Wertung zu setzen. Aber deshalb heißt es ja auch Beziehungskunst. Nicht jeder kann das. Nicht jeder ist ein Spitzenverkäufer. Aber jede(r) kann es werden.

Im Übrigen machen sich Verkäufer ihre Beziehungen regelmäßig mit dieser verdammten, überbewerteten Fachkompetenz kaputt. Fachkompetenz ist schlecht für die Beziehung? Aber heftig. Fachkompetenz ist zwar notwendige Voraussetzung für jedes Verkaufsgespräch. Aber oft wird sie falsch eingesetzt und der Schuss geht nach hinten los. Egon zum Beispiel meint auf eine besonders abwegige Frage des Kunden: «Das muss uns gar nicht stören. Das hat für Ihre Anlage keinerlei Bedeutung.» Das ist fachlich zwar hundertprozentig richtig. Trotzdem fällt Egons Kunde die Kinnlade bis auf die Tischplatte. Er hat ganz offensichtlich das Interesse des Kunden missachtet. Dieser stellt die «dumme» Frage ja nicht aus Jux und Laune, sondern weil ein Bedürfnis dahinter steckt. Egon macht sich noch nicht einmal die Mühe, dieses Interesse zu hinterfragen. Natürlich ohne böse Absicht! Er möchte bloß möglichst schnell zum sachlichen Gesprächsziel durchstoßen. Doch dabei schießt er völlig am Beziehungsziel vorbei. Kim dagegen bremst ihre Argumentation ab, als sie merkt, was den Kunden interessiert.

Deshalb unser Beziehungstipp 2:
Gehen Sie unbedingt auf die Interessen des Partners ein.

Wenn ein Kunde uns schon seine Interessen zwar als naive Frage, seltsame Behauptung oder als irritierenden Ausspruch getarnt, aber nichtsdestotrotz auf dem Silbertablett präsentiert, müssten wir dumm sein, diesen Anlass für Beziehungspflege und Beratung nicht weidlich zu nutzen. Gerade die «dümmsten» Äußerungen von Kunden sind oft die besten Ansätze, den Rapport zu pflegen.
Tatsächlich setzen die meisten Verkäufer ihre Fachkompetenz nicht nur dafür ein, die Interessen des Kunden über den Haufen zu fahren. Sie attackieren damit auch (ganz unbewusst) dessen Persönlichkeit. Über Egon sagt der Testkunde beispielsweise: «Er ist so gut. Er weiß alles. Ich kam mir vor wie ein kleiner, dummer Junge.» Rechthaberei, Dozieren, herablassend reden oder mit Fachwissen protzen sind Beziehungskiller. Fakten müssen zwar wahr und klar sein. Sie sollten aber in erster Linie gut verdaulich sein. Kim erzählt dieselben objektiven Fakten wie Egon. Aber sie erzählt sie so, dass Selbstwertgefühl und Selbstbewusstsein des Kunden gestärkt werden.

Beziehungstipp 3:
Reden Sie wahr und klar, aber reden Sie gleichzeitig so, dass Sie den Kunden aufbauen.

Das ist nicht immer leicht, aber es lohnt sich. Kim sagt zum Beispiel: «Was er da erzählte, war sachlich nicht richtig.» Aber zum Kunden sagte sie: «Das ist ein gutes Argument. Andererseits sollten wir im Auge behalten, dass …» Zumindest

beschädigt dies das Selbstwertgefühl des Kunden weniger als Egons Erwiderung: «Das trifft doch einfach nicht zu!»
Egon preist die großen Vorteile seiner Produkte an: hohe Verzinsung, geringe Kursschwankungen. Der Kunde ist beeindruckt. Kim geht einen Umweg. Sie zeigt dem Kunden, welchen persönlichen Nutzen er aus diesen Vorteilen zieht: schnelle Vermehrung seines Geldes, hohe Sicherheit im Alter.

Beziehungstipp 4:
Produktvorteile sind schön, aber der Nutzen pflegt die Beziehung.
Jeder Verkäufer kennt die Vorteile seiner Produkte. Wenige machen sich die Mühe herauszufinden, welchen Nutzen diese Vorteile bei gerade diesem speziellen Kunden stiften. Das ist ein Umweg in der Argumentation. Aber er zahlt sich aus.
Egon verkauft dem Kunden das Produkt, das er braucht. Kim vermittelt ihm, dass er mit dem Kauf einen persönlichen Erfolg erringt, denn er hat damit zum Beispiel einen großen Schritt in Richtung Alterssicherung getan. Kim macht das Gespräch für den Kunden zum Erfolg und zum außerordentlichen Tagesereignis.

Beziehungstipp 5:
Nichts pflegt Beziehungen so gut wie ein Erfolg.
Wie steht es um Ihre Beziehungskompetenz? Machen Sie die Probe aufs Exempel. Beantworten Sie für die fünf Beziehungstipps folgende Fragen:

Beziehungstipp 1: Welche Eigenarten welcher Kunden akzeptiere ich ganz gut? Über welche mache ich mich lustig? Gegen welche sträube ich mich? Welche finde ich unverständlich?

....

....

....

Beziehungstipp 2: Was sind die Interessen meiner wichtigsten fünf Kunden? Bei welchen Kunden kenne ich die Interessen nur ungenau? Wie zeige ich dem Kunden, dass ich sein Interesse wahrnehme, akzeptiere, pflegen möchte?

....

....

....

Beziehungstipp 3: Welche meiner Formulierungen sind zwar wahr und klar, könnten aber die Beziehung beschädigen? Was rutscht leicht in den falschen Hals? Bei welchen Kunden und welchen Anlässen könnte ich konzilianter in der Formulierung sein?

....

....

....

Beziehungstipp 4: Produktvorteile und Kundennutzen – Unterschied klar? Gelingt mir bei jedem Kunden die Übertragung vom einen ins andere? Bei welchen Kunden ist mir im Grunde nicht so ganz klar, welchen Nutzen sie aus dem Produkt ziehen möchten?

....

....

....

Beziehungstipp 5: Wie viele meiner Kunden haben nach dem Gespräch das deutliche Gefühl, einen persönlichen Erfolg errungen zu haben? Acht von zehn? Fünf von zehn? Zwei? Weiß ich überhaupt, was sie als Erfolg werten?

....

....

....

Wenn Sie diese Fragen lästig oder mehr als dämlich finden, wenn Sie minutenlang am Bleistift saugen und dumpf in die leere Luft starren, wenn Sie sich partout an keine relevanten Begebenheiten aus Ihren letzten Kundenkontakten erinnern können – kein Anlass zur Beunruhigung. Das ist die normale Reaktion. Denn normalerweise beraten wir in Kundengesprächen so hoch konzentriert sachlich, dass wir die schlimmsten Beziehungsmorde begehen können, ohne es überhaupt wahrzunehmen. Die selektive Wahrnehmung (s. Kapitel 2) blendet alles Beziehungsrelevante einfach aus. Sobald Sie jedoch den Wahrnehmungsfilter «Beziehung» in Ihrem geistigen Computer-Menü aktivieren, funktioniert die Wahrnehmung automatisch, und Ihnen fallen pro Gespräch viele beziehungswirksame Details auf. Gerade von Spitzenverkäufern weiß man, dass sie geführte Gespräche hinterher vor dem geistigen Auge nochmals an sich vorüberziehen lassen, um dahinterzukommen, warum was wie (nicht) funktioniert hat.

Prinzipien der Beziehungspflege

Als Kunden erfahren wir täglich, dass Deutschland eine Service-Wüste ist. Wir erleben, wie wir in die Wade gebissen werden. Wir sehen, wie Verkäufer mürrisch und ohne jeden Anflug einer menschlichen Regung beraten. Das ist die Au-

ßensicht. Was wir nicht sehen, ist die Innenansicht des Problems.
Tief in seinem Innern weiß der deutsche Verkäufer nämlich, dass er den Draht zum Kunden finden muss. Aber er weiß nicht wie. Weil er nicht weiß, wie eine Beziehung funktioniert. Alles, was existiert, funktioniert irgendwie. Ein Getriebe funktioniert. Die Photosynthese Ihres Gummibaums im Büro funktioniert, obwohl die Sekretärin nur einmal alle zwei Wochen Wasser nachgießt. Und irgendwie funktioniert auch eine Beziehung: nach ganz bestimmten Gesetzmäßigkeiten und Prinzipien. Verkäufer wollen durchaus ihre Beziehungen pflegen, wissen aber nicht wie. Sie wissen nicht, wie der Rapport funktioniert. Sie wissen es nicht, und sie wissen nicht, dass sie es nicht wissen. Sie halten Beziehungslatein für die blanke Wahrheit und wundern sich dann, dass sie von einer Beziehungskatastrophe in die nächste stolpern. Vier der häufigsten Katastrophen schauen wir uns genauer an.
«Ich muss mal schnell ein bisschen Beziehungspflege machen», sagt Egon in perfektem Beziehungslatein. Allein schon an diesem beiläufig geäußerten Satz erkennt der Verkaufsleiter, dass Egon ein Problem mit der Beziehungspflege hat und dass sein «bisschen Beziehungspflege» nicht von überragendem Erfolg gekrönt sein wird. Egon wird vom Kundenbesuch zurückkommen und einer Kollegin mitteilen: «Dieser ganze Beziehungskram wird total überbewertet. Das bringt nicht so viel, wie man immer behauptet.» Tatsächlich steht das Haus bereits in Flammen, Egon baut eine Brandschutztür ein und beschwert sich dann darüber, dass «Brandschutz total überbewertet wird». Wenn es lichterloh brennt, nützt eine Tür nicht mehr viel. Die meisten Berater und Verkäufer pflegen eine Beziehung nicht dann, wenn sie gepflegt werden muss, sondern wenn es zu spät ist. Sie glauben, eine Beziehung funktioniert wie ein Benzintank: Ist er leer, tankt man voll. Doch eine Beziehung ist etwas Lebendiges. Wenn das Bäumchen schon verdorrt ist, ist es zu spät fürs Gießen. Viele Verkäufer machen sich erst dann Gedanken über die Güte einer Beziehung,

wenn sie sie brauchen. Wenn sie Probleme mit einem bestimmten Partner bekommen. Wenn sie ein besonderes Anliegen haben. Oder wenn sie das Wohlwollen des Partners und seine Hilfe benötigen. Doch dann ist es zu spät:

- Man hat zu wenig Zeit, um auf ein ausreichendes Beziehungsniveau zu kommen.
- Man befindet sich erkennbar in der ungünstigen Rolle des Bittstellers.
- Der andere gewinnt den Eindruck, dass das Verkäuferverhalten rein taktische Gründe hat, und wird misstrauisch (Verstoß gegen das Beziehungsprinzip der Unbedingtheit, s. o.).
- Man muss einen weit größeren Aufwand betreiben, als wenn man sich vorbeugend um die Pflege des entsprechenden Kontaktes gekümmert hat.
- Vielleicht wäre das Problem gar nicht entstanden, wenn man von Anfang an aktiv für eine gute Beziehung gesorgt hätte.

Daher ein weiteres Prinzip der Beziehungspflege:

Schaffen Sie gute Beziehungen, bevor Sie sie nötig haben.

Um vorbeugend für eine gute Beziehung zu sorgen, braucht es keine aufwendigen Extra-Aktivitäten. Es reicht, die Beziehungsintelligenz bei jedem Kundenkontakt spielen zu lassen. Selbst oder gerade dann, wenn es sich nur um den monatlichen «Hallo, wie gehts»-Telefonanruf handelt oder das monatliche Mailing. Beziehungen funktionieren am besten, wenn sie bei jeder Gelegenheit gepflegt werden, die sich bietet. Wann immer man in Kundenkontakt kommt, was immer man auch bespricht oder verhandelt, man sollte die Beziehungstipps und Beziehungsprinzipien anwenden.
Ein kleines Experiment gefällig? Greifen Sie willkürlich drei Ihrer Kunden heraus, mit denen Sie in der laufenden und

zurückliegenden Woche keinen Kontakt hatten. Beschreiben Sie in wenigen Worten, in welchem Zustand sich die Beziehung zu den dreien befindet:

....

....

....

....

....

Eine US-Studie fand heraus, dass beziehungsintelligente Verkäufer zu jedem Zeitpunkt sagen können, wie es um eine bestimmte Kundenbeziehung bestellt ist. Wenn man nicht weiß, wie es dem Kunden gerade geht, besteht dagegen eine hohe Wahrscheinlichkeit, dass die Beziehung heimlich leidet, weil man sie nicht permanent, sondern erst im Brandfall pflegt.

Es ist immer wieder schockierend, Testkunden zuzuhören. Der Verkäufer sagt über das Gespräch: «Mmh, ja, lief eigentlich ganz gut.» Der Kunde ist stinksauer: «Was für ein arroganter Kerl.» Das ist der Standardvorwurf des deutschen Kunden an den deutschen Verkäufer und Berater: unfreundlich, arrogant, besserwisserisch, dogmatisch, beleidigend. Der Witz dabei: Kein Verkäufer beleidigt absichtlich seine Kunden! Doch irgendwie schafft er es, durch bloße sachliche Aufzählung von objektiven Daten und Fakten den Kunden zur Weißglut zu treiben. Deutsche Verkäufer sind nicht beziehungsunfähig, sie sind lediglich beziehungsblind. Sie sehen nur die Sachebene, die Beziehungsebene sehen sie nicht. Deshalb übersehen sie regelmäßig ein weiteres Prinzip der Beziehungspflege:

Wertschätzung.

Das ist das zentrale Prinzip der Beziehungspflege. Wir alle möchten geschätzt, respektiert und gemocht werden. Was viele Verkäufer nicht wissen: Diese Wertschätzung ist folgenreicher als die inhaltliche Botschaft eines Gesprächs. Stellen Sie sich vor, Ihre Uhr bleibt stehen, Sie haben einen wichtigen Termin und fragen einen Passanten nach der Zeit. Der sagt: «Zehn vor vier», wirft einen schnellen Blick auf Sie und fügt an: «Boss-Anzug, aber keine gescheite Uhr am Arm.» Sie haben die Sachinformation erhalten, die Sie wollten. Warum sind Sie trotzdem sauer? Weil Wertschätzung tiefer wirkt als Sachinhalt. Leider kollidiert die Wertschätzung ständig mit anderen Faktoren des Kundengesprächs: Ich möchte dem Kunden schon gerne meine Wertschätzung versichern, aber die Zeit drängt! Oder: Ich muss diesen Punkt ganz klar rüberbringen – hoppla, jetzt hat der Kunde meine unmissverständliche Klarheit als Rechthaberei missverstanden. Oder: Ich möchte dem Kunden zeigen, dass sein altes Produkt seinen Berufserfolg behindert – oje, er nimmt das persönlich! Ständig tauchen Faktoren auf, die diese Wertschätzung bedrohen. Das ist nicht das Problem. Das Problem ist, dass Egon diese Faktoren gar nicht als bedrohlich wahrnimmt. Er guckt ständig verstohlen auf die Uhr und ist froh, das Gespräch noch rechtzeitig «abgebogen» zu haben. Dass er gleichzeitig den Rapport abgebogen hat, bemerkt er nicht. Kim dagegen ist stolz auf ihre «verkaufsbedingte Schizophrenie»: «Ständig überlege ich mir, was ich gerade sage – welche Auswirkung hat das auf die Beziehungsebene? Drückt es Wertschätzung aus?» Und noch ein Prinzip der Beziehungspflege:

Kenne deinen Kunden!

Dieses Prinzip folgt unmittelbar aus dem vorhergehenden Prinzip der Wertschätzung. Die meisten Verkäufer nicken eifrig mit dem Kopf, wenn man sie fragt, ob sie ihrem Kunden Wertschätzung entgegenbringen. Doch wie kann ich jemandem Wertschätzung entgegenbringen, dessen Gedanken, Gefühle, Interessen, Familienstand, Selbstbild, größten Erfolge, Schulbildung, Hobbys ... ich nicht kenne? Das wirkt unglaubwürdig. In US-Unternehmen gibt es Formblätter für den Außendienst, auf denen jeder Verkäufer bis zu hundert Kundendaten vermerkt: Familienstand, Geburtstage der Familienangehörigen, Ort seiner Universität, Umsatz, seine Lieblingsmannschaft ... Es mögen viele unnötige Daten darunter sein. Doch das Prinzip ist klar: Jede Information kann Gold wert sein. Der Spitzenverkäufer eines Pharmaunternehmens kennt das Hobby von jedem seiner Kunden. Sieht er ein Buch oder einen interessanten Zeitschriftenartikel darüber, schickt er sie den Kunden. Er sagt: «Das kostet mich nur zwei Minuten. Aber beim nächsten Gespräch reden wir fast immer darüber. Ich bin so schon zum Kenner für Mineralien, für Baseball, für Oldtimer und ein Dutzend anderer Hobbys geworden. Und das wird honoriert.»

Hoppla, habe ich Sie ertappt? Haben Sie gedacht: «Ich habe nicht die Zeit, mich stundenlang mit dem Kunden über seine Hobbys zu unterhalten?» Der Pharma-Mann verquatscht sich zwar manchmal auch, aber normalerweise geht der Standard-Hobby-Dialog so: «Haben Sie mein Clip-out mit dem Wimbledon-Special erhalten?»

«Ja, war ganz lustig, ich habs im Airbus gelesen.»

«Komisch, nicht, die Pechserie der Briten?»

«Ach was, die haben zwar Wimbledon erfunden, aber gewinnen können sie es nicht. Ahm, hmh, was machen wir eigentlich mit den Messingkabelverschlüssen?» Haben Sie mitgestoppt? Exakt zwölf Sekunden.

Inzwischen sind wir beim sechsten Prinzip der Beziehungspflege:

Ich halte meinen Laden sauber!

Die Motivation eines Verkäufers ist eine manisch-depressive Angelegenheit. Oft brennt er begeistert, aber mindestens genauso oft reißt ihn ein Tiefschlag runter. Und gerade bei der Beziehungspflege sind Tiefschläge vorprogrammiert. Man reißt sich wirklich alle Beine aus, doch der Kunde mosert nur herum. Oder ein Kollege hat es auf einen abgesehen. Oder der Chef meckert. An sich kein Problem. Das Problem ergibt sich aus dem Phänomen der Irradiation: Der Tiefschlag strahlt aus. Man kennt das: «Dieser olle Kerl hat mir den ganzen Tag verdorben!» Weil mich eben ein Kunde schief anschaute, schaue ich jetzt drei nachfolgende schief an. Das kann sich kein Verkäufer leisten. Spitzenverkäufer sind gegen Miesepeter immun. Sie lassen sich nicht herunterreißen. Sobald sie merken, was man mit ihnen anstellt, distanzieren sie sich innerlich: «Wenn ich freundlich bin und mein Gegenüber ist unfreundlich, ist das sein Problem. Ich werde mich jedenfalls nicht ändern.»

Kleine Dinge – große Wirkung

Viele Verkäufer glauben, dass Beziehungspflege eine großmächtige, zeitintensive, arbeitsträchtige, schweißtreibende, ultrapsychologische, hochwissenschaftliche, Expertenwissen voraussetzende Anstrengung ist. Falsch. In der Beziehungspflege haben die kleinsten Dinge die größte Wirkung. Beruflich wie privat.

Egon beispielsweise geht «Kunden besuchen». Wenn er wüsste, welch verheerende Wirkung dieser locker dahergesagte Satz hat, würde er sich eher die Zunge abbeißen. Kim dagegen besucht Jürgen Meier von der Tepes AG, Silke Peters von Inocon und Alfons Schumpeter von ICI. Und die Kunden merken das! Von Egon werden sie wie Kunden behandelt: Teil einer Masse, austauschbar, Kunden eben. All das wird bemerkt. Egon sagt zum Beispiel auf einen Einwand hin: «Ja, das sagen viele unserer Kunden.» Da sträuben sich einem doch die Nackenhaare! Niemand möchte als Herdentier bezeichnet werden, mit anderen in einen Topf geworfen. Kim sagt: «Bei Ihrem Anspruch an Perfektion stört Sie das natürlich, nicht?» Silke Peters lacht, Kim hat sie auf eine ihrer Eigenarten angesprochen. Die stille Botschaft: «Ich kenne dich. Ich weiß, was dir wichtig ist.» Die Amerikaner bringen es auf den Punkt: I care – du bist mir wichtig. Oder auf Deutsch: *Jeder Kunde will als Individuum behandelt werden.*

Noch etwas fällt an der obigen Szene auf. Kim vermeidet nicht nur Egons Fehler der anonymen Massenansprache. Sie setzt sogar noch einen oben drauf. Indem sie das Selbstbild des Kunden spiegelt und stärkt. Spitzenverkäufer wissen, wie der Kunde sich selbst gerne sehen möchte. Als kühnen Pionier, als Perfektionist, als großen Organisator, als Übervater … Und sie bestätigen dieses positive Selbstbild. Kim hat das eben getan, indem sie Silke Peters Perfektionsanspruch ansprach. Egon weiß nicht, wie sich seine Kunden sehen. «Ich habe keine Zeit für Psychoanalyse», sagt er. Eine Ausrede. Er hört nur nicht richtig zu. Sein Kunde sagt irgendwann: «Das bin ich meinen Mitarbeitern schuldig.» Das kostet Egon exakt drei Sekunden Zuhören. Eigentlich können Verkäufer nichts dafür, dass sie Kunden über die Beziehungsebene vertreiben. Jahrelang hat man ihnen die falschen Mythen ins Ohr geblasen:

Wer richtig präsentiert, verkauft besser!

Streich ganz klar den Kundennutzen raus!

Du musst den Kunden überzeugen, begeistern!

Das mag zwar stimmen, doch was ist die Folge? Der Verkäufer präsentiert wie ein Weltmeister, argumentiert rhetorisch brillant und überzeugt mächtig. Kurz: Er redet und redet und redet. Und je stressiger die Situation wird, desto stärker muss er seinen Kunden überzeugen, desto intensiver redet er. Er zerredet die Beziehung. Daher der Spruch: Reden ist Silber, Schweigen ist Gold. Ein Monolog ist keine Beziehung. Kim bremst sich immer wieder selbst: «Wenn der Kunde zu lange schweigt, wird der Rapport schwächer. Ich muss ihn dann irgendwie wieder ins Gespräch bringen. Erst muss die Beziehung wieder stimmen, dann kann ich mit der Sache weitermachen.» Wenn der Kunde plötzlich Begeisterung für ein Thema entwickelt, hört Kim ihm aktiv zu, zeigt Aufmerksamkeit, macht Begleitgeräusche, zeigt durch Zwischenfragen, dass sie mitdenkt. Natürlich lässt sie ihn nicht endlos erzählen, denn ihr Terminkalender ist randvoll! Aber sie lässt ihm seine two minutes of fame, seine zwei Minuten Redseligkeit, bevor sie ihn behutsam wieder auf den Gesprächspfad bringt. Merke: *Beziehungspflege ist Dialogpflege.* Ein Verkäufer, der Monologe hält, bringt zwar in der vorgesehenen Zeit seine Sachargumente durch. Er verliert jedoch den Kunden auf der Beziehungsebene.

Spitzenverkäufer wie Kim werden nicht wie Verkäufer behandelt, sondern wie Freunde, Berater, Menschen. Das kommt daher, weil sie auch das Menschliche – das laut Egon nichts in einer Geschäftsbeziehung zu suchen hat – in die Beziehung integrieren. *Sie setzen aufs* Menschliche. Kim erkundigt sich nach der kranken Tochter einer Kundin. Sie hält sich auf dem Laufenden, was das Studium des Sohnes eines anderen Kunden macht. Sie macht eine nette Bemerkung über die Verbandskrawatte, die ein Kunde trägt. Wer solche kleinen Menschlichkeiten anspricht, wird auch als Mensch akzeptiert. Als ein Kunde wütend vom Ärger mit seiner geschiedenen Frau erzählt, klappt Kim demonstrativ den Verkaufsfolder zu. Solche kleinen, nonverbalen Signale haben gerade deshalb eine so monumentale Wirkung, weil sie unterbewusst wirken. Der Kunde denkt nicht: «Nette Geste.» Er denkt – und tatsächlich hat er das zu einem Kollegen gesagt: «Von allen Menschen, die ich kenne, hat sie mir richtig zugehört – und sie ist noch nicht mal verwandt!» Egon macht neuerdings auch «auf Beziehung». Er hat einen Kunden gefragt, wie es seiner kranken Tochter geht. Peinliches Schweigen. Der Kunde hatte einen Sohn. Egon sagt von sich, dass er ein ehrlicher Mensch ist. Er sagt, was er denkt: «Entschuldigen Sie, aber das muss schon rein in die Lieferung.» Kim hält viel auf Ehrlichkeit. Aber sie hält noch mehr auf Verständnis: «Ich verstehe, dass Ihnen das wichtig ist. Leider sehe ich keine technische Möglichkeit, wie wir das regeln könnten. Das tut mir jetzt Leid.» *Verständnis kommt vor Ehrlichkeit.* Gerade diese Beziehungstechnik ist relativ leicht und mit etwas Übung zu erwerben: Einfach immer erst Verständnis signalisieren, bevor man die eigene Meinung anbringt.

Viele Verkäufer sind ein Vorbild an Hartnäckigkeit. Sie bearbeiten den Kunden Termin um Termin, sie hören sich geduldig seine Einwände an, sie bleiben am Ball – nur bei der wichtigsten Sache geben sie zu schnell auf. Egon sagt: «Wenn der Kunde zumacht, mach ich auch zu. Ich lass doch nicht auf mir rumtrampeln.» Das ist nicht Beziehungspflege. Das ist Auge um Auge, Zahn um Zahn. Revanchedenken. Natürlich ist Rache sehr befriedigend – befriedigender als ein Auftrag? Kim lässt keinesfalls auf sich herumtrampeln. Sie erinnert sich lediglich an ihre Mutter: «Kinder haben Zuneigung am nötigsten, wenn sie sie am wenigsten verdienen.» Vielleicht vergisst der Kunde Ihnen, dass Sie zumachten, als er zumachte. Aber dass Sie, als er zumachte – trotzdem, trotzdem! – Verständnis, Aufmerksamkeit und Wertschätzung schenkten, vergisst er Ihnen nicht. Das ist nicht leicht. Das schaffen nur Beziehungsprofis. Aber das zahlt sich doppelt und dreifach aus. *Der Verkäufer ist der mit dem längeren Atem, auch auf der Beziehungsebene.*

Des Menschen Wunsch nach Anerkennung ist grenzenlos – sein Wunsch nach plumpen Schmeicheleien dagegen nicht. In Rapportpflege unerfahrene Verkäufer verwechseln das oft. Egon macht Schönwetter: «Ein tolles Werk haben Sie da aufgebaut.» «Ihre Quartalszahlen sind ja berauschend.» Kim macht sich etwas mehr Mühe mit ihrer Anerkennung: «Wie Sie die Transportwege zwischen Fertigung und Auslieferung organisiert haben, finde ich sehr effizient.» «Mir ist aufgefallen, dass Ihr Export um fast zwanzig Prozent gestiegen ist. Gratuliere.» Anerkennung sollte glaubhaft sein. Und nichts ist

so glaubhaft wie Fachkenntnis. Ein Spitzenverkäufer geht mit offenen Augen durch die Welt.
Stehen Sie zu sich. Egon hasst seinen Job manchmal. «Manche Kunden versuchen, dich madig zu machen. Dann mache ich eben gute Miene zum bösen Spiel.» Der Kunde sagt zum Beispiel: «Ihre Produkte sind doch einfach überteuert und reparaturanfällig. Machen Sie mir doch nichts vor!» Kim verstellt sich nicht. Sie zeigt Verständnis, aber dann grenzt sie sich ganz klar ab: «Ich verstehe, dass Ihnen unsere Preise hoch erscheinen. Aber in der Pannenstatistik liegen wir bei den Besten. Sonst würde ich Ihnen die Produkte nicht anbieten. Und wenn es Probleme mit einzelnen Produkten gibt, dann sagen Sie das, wir regeln das sofort.» Kunden sind nicht böse, wenn man entschieden auftritt. Im Gegenteil. Über Kim wird gesagt: «Die ist überzeugt von dem, was sie anbietet.» Und das überzeugt. Beziehungspflege bedeutet auch: Sich selbst treu bleiben. Sich nicht verstellen. Auch wenn Verstellen im ersten Augenblick bequemer ist. Es zahlt sich langfristig nicht aus. Es stört die Beziehung.

Übersicht: Die kleinen Geheimnisse der Beziehungsprofis

- «Kunden» gibt es nicht. Sprechen Sie nicht von «Kunden». Behandeln Sie jeden Kunden als Individuum. Wenn Sie von ihm denken oder sprechen, denken Sie an seinen Namen. Sprechen Sie nie in Gegenwart eines Kunden von «den Kunden».
- Achten Sie auf die Äußerungen des Kunden, die sein Selbstbild spiegeln. Spiegeln Sie dieses Selbstbild. Spiegeln heißt nicht, Honig ums Maul zu schmieren.
- Jeder Monolog zerstört Beziehung und Verkaufswahrscheinlichkeit. Wenn der Kunde zu lange schweigt: Holen Sie ihn ins Gespräch zurück. Zwanzig Sekunden Schweigen sind schon zu lange! Er muss zumindest zustimmende Geräusche von sich geben.

- Wenn der Kunde begeistert über ein Thema redet – reden lassen. Die Begeisterung überträgt sich auf die Beziehung. Behutsam abbremsen, wenn die Zeit knapp wird.
- Höchste Alarmstufe, wenn der Kunde Persönliches preisgibt: größte Möglichkeit, die Beziehung zu stärken. Speichern Sie das Gehörte im Kopf oder extern und nehmen Sie es bei Gelegenheit wieder auf. In zwei von zehn Fällen redet er dann nicht mehr gern darüber, aber bei den anderen acht wächst die Beziehung.
- Sagen Sie die Wahrheit. Aber so, dass sie dem Kunden hilft. Verständnisvoll und konstruktiv. Überlegen Sie notfalls so lange, bis sie eine konstruktive Formulierung gefunden haben.
- Gerade wenn der Kunde «zumacht», zeigt sich der Beziehungsprofi. Wer auch zumacht, ist keiner. Diese Vorleistung zahlt sich aus.
- Des Menschen Bedürfnis nach Anerkennung ist grenzenlos. Finden Sie heraus, auf welchen Gebieten Ihr Kunde Anerkennung wünscht und welche Sprache am besten ankommt. Plumpe Schmeicheleien haben damit nichts zu tun.
- Verstellen Sie sich nicht. Zeigen Sie ehrlich empfundenes Verständnis für Vorwürfe des Kunden, aber grenzen Sie sich in aller Deutlichkeit ab. Eine Beziehung funktioniert nicht, wenn sie den Prügelknaben abgeben. Außerdem honorieren acht von zehn Kunden Ihre ehrliche Überzeugung, auch wenn sie von der des Kunden abweicht. Die restlichen zwei wollen wir als Kunden nicht.

Gleich und Gleich gesellt sich gern

Es kommt nicht von ungefähr, dass Verkäufer sympathischen Kunden besser und lieber verkaufen. Jeder Mensch kann besser mit sympathischen Menschen umgehen. Diese Erkenntnis ist trivial, doch es lassen sich zwei weittragende

Schlüsse daraus ziehen: Entweder man beschränkt sich darauf, sympathischen Kunden gut zu verkaufen – das tun die meisten Verkäufer. Oder man versucht, allen Kunden gut zu verkaufen, indem man sympathisch auf sie wirkt. Sympathische Verkäufer werden vom Kunden nämlich als kompetenter, zuverlässiger und vertrauenswürdiger eingestuft. Dieses Kommunikationsphänomen ist unter dem Begriff Halo-Effekt (griechisch „halo“: Schein, Ausstrahlung, Hof) bekannt geworden. Die Eigenschaft «sympathisch» strahlt automatisch auf andere Eigenschaften aus. Wer sympathisch wirkt, kommt besser an und verkauft auch besser. Kunden reagieren auf sympathische Verkäufer besser. So fragt sich: Wie wirkt man sympathisch?

Als sympathisch empfindet der Mensch, was ihm ähnlich ist. Daher die Redensart: Gleich und Gleich gesellt sich gern. Wir neigen dazu, Menschen zu mögen, die uns ähnlich sind im Denken, Handeln und Fühlen. Die unsere Interessen und Vorlieben teilen. Die einfach irgendwie so sind wie wir. Oder sich so verhalten wie wir.

Daher achtet Kim, vor allem im Anfangsstadium des Sichkennenlernens, sehr darauf, dass sie ihrem Gesprächspartner irgendwie ähnlich ist. Wenn dieser beispielsweise ein ausgesprochener Schnellsprecher ist, legt sie selbst auch ein paar Takte zu. Wenn das Gegenüber eine Körperhaltung einnimmt, die Entspannung und Gelassenheit zum Ausdruck bringt, bringt sie auch dies in ähnlicher Weise zum Ausdruck. Dabei vermeidet sie tunlichst, papageienhaft den anderen nachzuäffen. Das ginge nach hinten los. Ein guter Verkäufer passt sich an das an, was das Gegenüber vorgibt. Tut er das nicht, leidet die Beziehung. Viele Verkäufer bemerken das zwar, wissen jedoch nicht, woran es liegt. Stellen Sie sich vor, der Kunde ist ein peinlich ordentlicher Mensch und der Verkäufer breitet seine Papiere wie Kraut und Rüben auf dem Tisch aus. Der Kunde denkt aber sofort: «Was ist das für ein Chaot!»

Wie schwer dieses an sich simple Spiegeln des Partners ist, demonstriert Egon häufig unfreiwillig. Gerade in schwierigen Verhandlungssituationen verhält er sich nämlich falsch. Sein Kunde reagiert beispielsweise ablehnend auf einen Vorschlag von Egon. Der Kunde lehnt sich zurück, verschränkt die Arme vor der Brust und schlägt die Beine übereinander. Egon spürt unwillkürlich die ablehnende Haltung. Er reagiert instinktiv. Er beugt sich weiter nach vorne, um den sich zurückziehenden Kunden doch noch zu erreichen, um ihn zurückzuholen, ihn zu überzeugen. Leider ist der Verkäuferinstinkt in dieser Situation genau das Falsche. Egon verstößt gegen eines der Beziehungsgebote, die wir oben kennen gelernt haben: Er achtet nicht das Interesse seines Kunden. Das momentane Interesse des Kunden ist offensichtlich, auf Distanz zu gehen. Egon kümmert sich nicht darum, sondern setzt zur Verfolgung an. Damit treibt er den Kunden noch mehr zurück. Denn ein Interesse erlischt nicht, nur weil es missachtet wird. Im Gegenteil, es verstärkt sich meist.

Wenn Egon auf einen langsam sprechenden Kunden trifft, reagiert er auch automatisch falsch. Er hört dem Kunden zwar geduldig zu, aber um dann die verlorene Zeit aufzuholen, redet er schneller als sonst. Der Kunde empfindet das als unangenehm. Aber da er keine verkaufspsychologische Ausbildung hat, denkt er nicht: «Dieser Verkäufer redet schneller, als mir lieb ist. Deshalb erscheint er mir unsympathisch und sein Angebot wenig attraktiv – was es objektiv nicht ist.» Nein, Egon wird Opfer des Halo-Effekts. Der Kunde hält Egon für unsympathisch, daher für nicht kompetent und sein Angebot für nicht erstrangig.

Kim ist eine Meisterin dieser Spiegeltechnik. Sie spiegelt nicht nur Körpersprache, Sprachmelodie und Sprechtempo ihres Gegenübers. Sie verwendet auch ähnliche Redensarten, analoge Metaphern und Sprachfiguren. Sie versucht sich, soweit wie möglich, der impliziten Kleiderordnung des Kunden anzupassen. Sie signalisiert beständig: «Ich bin eine von euch. Ich gehöre dazu.»

Hier zeigt sich ein wesentlicher Unterschied zwischen Beziehungskünstlern und Verkäufern, die «auf Beziehung» machen. Kim pflegt die Beziehung, *während* sie verkauft, indem sie spiegelt. Egon versucht, die Beziehung zu pflegen, *bevor* er verkauft, indem er beispielsweise zwei Minuten über das Wetter oder den Fußball redet. Man glaubt es kaum, doch dieser Small Talk ist es, was viele Verkäufer unter Beziehungspflege verstehen. Dieser Irrtum schlägt dem arglosen Kunden permanent entgegen. Da sagt ein Einkäufer eines Anlagenbauers: «Man merkt, dass er (der Verkäufer) auf dem Seminar war. Bevor ich meine Order platzieren darf, muss ich fünf Minuten lang übers Wetter reden!» Es gibt Verkäufer, die seit Jahren mit denselben öden, vorhersehbaren Fragen und Floskeln über Wetter, Sport und Familie ihre Gespräche eröffnen. Da hat irgendwann ein Trainer oder der Verkäufer selbst einen billigen Trick mit Beziehungspflege verwechselt. Beziehungspflege heißt, die Bedürfnisse des Kunden wahrzunehmen und bestmöglich zu bedienen.

Das Wetterberichtmanöver ist überhaupt ein bezeichnendes Beispiel für Selbstsabotage im Verkauf. Mancher Verkäufer glaubt, vor dem Beratungsgespräch Schönwetter machen zu können, beim Beratungsgespräch dem Kunden die Leviten lesen zu müssen, um danach die Beziehung mit ein, zwei lockeren Sätzen zum Gesprächsschluss wieder ins Lot zu bringen. Das funktioniert nicht und hat nie funktioniert. Wenn der Verkäufer nur vor- und nachher freundlich und menschlich ist und dazwischen sich wie ein wilder Stier gibt, ist das Ganze nichts wert. Der Kunde fragt sich nicht nur vor und nach dem eigentlichen Gespräch, was der Verkäufer für ein Mensch ist. Er fragt sich ständig: «Wie redet der mit mir?» «Wofür hält er sich und mich?»

Das ist das Schwierige an der Beziehungspflege. Man muss beide Ebenen gleichzeitig im Kopf haben. Die Sach- und die Beziehungsebene. Es geht nie nur um die Sache. Sondern indirekt immer auch um die Beziehung. «Sachliche» Gespräche gibt es daher eigentlich nicht. Der Mensch ist immer dabei. Er lässt sich nicht abschalten. In keiner Phase des Verkaufsgesprächs. Selbst knallhart erscheinende Kunden, Einkäufer und Gesprächspartner haben Gefühle, wunde Punkte und persönliche Eigenarten. Auch wer keine Gefühle zeigt, hat welche. Und wehe, der Verkäufer trampelt auf ihnen herum. Das rächt sich immer. Beziehungspflege ist bei jedem und immer nötig. Immer heißt: Wer wie ein Beziehungsprofi das Eis bricht, einen glänzenden Rapport aufbaut, sympathisch berät und dann mit stahlharter Faust einen Einwand vom Tisch fegt, fährt sein Beziehungskonto mit einem Schlag in die roten Zahlen.

Giftschrank für Beziehungstäter

Vieles, was Verkäufer jahrelang gelernt und praktiziert haben, ist im Grunde reines Beziehungsgift. Man sagt auf der Sachebene ganz klar, was Sache ist – und schwups geht die Beziehungsebene verloren. Leider verstecken sich hinter vielen sachlichen Verkaufstechniken und -gepflogenheiten schwerwiegende Kommunikationskiller und Beziehungstorpedos. Im Folgenden betrachten wir einige davon:

- Der Verkäufer fühlt sich verpflichtet, den Kunden auf alles hinzuweisen, was entscheidungsrelevant ist. Logisch, er ist der Fachmann auf dem Gebiet. Doch sobald die Informationsflut einen kritischen Pegelstand erreicht, wird sie vom Kunden als Besserwisserei empfunden. *Der Verkäufer doziert*, und Oberlehrer mag niemand.
- Der Verkäufer rückt die laienhaften Vorstellungen des Kunden sachkundig zurecht: «Ganz ordentlich, was Sie sich da ausgedacht haben, aber das reicht natürlich nicht.» Sachlich mag das stimmen, doch die unhöfliche *Abwertung* seiner Kompetenz verärgert den Kunden.
- Ähnlich ins Auge gehen *Warnungen* oder gar *Vorwürfe*. «Wenn Sie diese Maschine einsetzen, kann der Ausschuss sprunghaft steigen.» Das mag ja sein. Doch wer lässt sich

schon drohen? Wer lässt sich Fahrlässigkeit vorwerfen? Dem Verkäufer ist das meist gar nicht bewusst: Drohung? Vorwurf? Aber das stimmt doch alles, was ich sage! In Ordnung, doch das kann man auch diplomatischer sagen: «Diese Maschine ist eine gute Wahl. Leider kann es bei Ihrem großen Produktionsvolumen leicht zu erhöhtem Ausschuss kommen. Für Ihre Größenordnung ist die Maschine eben schon ein wenig zu klein.»

Es gibt Dutzende solcher Beziehungstorpedos. Eigentlich möchte man den Kunden nur auf einen wichtigen Sachverhalt hinweisen, aber völlig unbewusst

- steckt man ihn in eine *Schublade*: «In der Chemiebranche ist das eben so.» Wer möchte in eine Schublade gesteckt werden?
- *spielt* man eine seiner Äußerungen *herunter*: «Das ist langfristig ohne Bedeutung.» Der Verkäufer meint damit: Das Argument ist irrelevant. Doch der Kunde hört: Du redest bedeutungsloses Zeug.
- bietet man *vorschnell einen Vorschlag* an. Kaum sagt der Kunde «Rendite», bietet man ihm Hochzinsprodukte an. Dass er daneben auch eine gewisse Liquidität verlangt, hört man gar nicht mehr, weil man schon empfiehlt, noch bevor man überhaupt erfahren hat, was er alles möchte. Eigentlich möchte man dem Kunden nur möglichst schnell helfen. Der Kunde aber denkt: Der hat keine Zeit, mich zu Ende zu hören.
- *redet man* von sich und den eigenen Erfolgen und Erfahrungen. Das interessiert den Kunden nicht.
- versucht man ihn zu *überreden*: «Machen Sie sich da mal keine Sorgen.» Gegen solch großväterliches Zeug sind Kunden allergisch.
- ironisiert man: «Na ja, wenns schon nicht hilft, ist wenigstens das Geld weg.» Ein kapitaler Beziehungskiller.

Es gibt tatsächlich Verkäufer, die merken gar nicht, was sie anrichten. Doch die meisten Verkäufer haben genug Einfühlungsvermögen, um sich zumindest bei ihren Standardformulierungen die Frage zu stellen: Wie kommt das an, was ich sage? Eigentlich kann man jedes Fettnäpfchen vermeiden, indem man sich diese Frage stellt. Aber man muss sie sich stellen.

«Er hat keine Ahnung, was ich will. Aber er ist sehr freundlich.»
Kunde über Kundenbetreuer

«Sometimes it's tougher to look than to leap.»
The Stranglers

U wie Untersuchung

Der diagnostische Irrwitz

Vergegenwärtigen Sie sich eine Szene, die jedem von uns mindestens schon einmal in ähnlicher Form passiert ist.
Angestellter eines Reisebüros: «Na, wo solls denn hingehen?»
Kunde: «So genau weiß ich das noch nicht …»
«Sie müssen mir schon ein bisschen was erzählen: Wollen Sie lieber ans Meer, in die Berge oder eher eine Städtereise mit Kultur?»
«Wie? Ans Meer?»
«Ich glaube, ich habe das Passende für Sie. Unser Karibik-Angebot. Supergünstig, dabei all inclusive. Direkt am Strand …»
Dieses Angebot geht in die Hose. Es geht nicht in die Hose, weil das Produkt schlecht wäre, sondern weil der Verkäufer schlecht untersucht. Aber das weiß der Verkäufer nicht, der nachher steif und fest behauptet: «Dieses Karibik-Angebot ist doch Quark.» Nein, seine U-Phase taugt nichts. Viele Verkäufer glauben, ihr Produkt, der Preis, die Konkurrenz, die mangelnde Werbung … seien schuld, wenn der Kunde nicht kauft. Dabei liegt es in den meisten Fällen an der mangelnden Untersuchung. So auch in diesem Fall. Denn der Kunde möchte seinem Senior dessen Lebenswunsch, eine Weltreise, erfüllen. Er weiß nur nicht, wie er das ausdrücken soll. Deshalb druckst er herum. Was tut der Verkäufer? Er missinterpretiert das Zögern und bietet ihm prompt das Angebot

an, bei dem er die dickste Provision einstreicht. Im Brustton der Überzeugung: «Wenn der nicht weiß, was er will, muss man ihm eben auf die Sprünge helfen!» Das klingt zwar einleuchtend, ist jedoch Umsatz-Harakiri. Denn dass der Kunde mit heftigen Zweifeln bezüglich der Zurechnungsfähigkeit des Verkäufers das Karibik-Angebot ausschlägt, liegt auf der Hand: Er braucht es nicht. Es passt nicht auf seine Bedürfnisse. Seine Bedürfnisse? Was haben denn plötzlich die Bedürfnisse des Kunden mit dem Verkauf zu tun? Die Bedürfnisse des Kunden sind für einen normalen Verkäufer doch völlig irrelevant!

Verkaufszwang und Zeitdruck verleiten Verkäufer oft dazu, schlecht zu untersuchen; sie vergraulen damit ihre Kunden und verlieren so Umsatz. Zwei weitere Faktoren kommen hinzu. Erstens glauben die meisten Verkäufer schon nach wenigen Sätzen des Kunden, genau verstanden zu haben, was er meint. Und zweitens projizieren sie unbewusst ihre eigenen Bedürfnisse auf den Kunden: Man geht eben immer zuerst von sich aus. Nimmt man alle diese Faktoren zusammen, ist klar, dass in einem «normalen» Beratungsgespräch der diagnostische Irrwitz regiert. Eben das, was Kunden seit Jahren beklagen:

«Der verkauft mir nicht, was ich brauche, sondern das, was er verkaufen muss.»

«Dem geht es doch nur um seine Provision.»

«Der quatscht mir was auf!»

«Er zieht mir das Geld aus der Tasche.»

«Er will nur mein Bestes: mein Geld!»

Dass die Kunden meckern, weil sie sich missverstanden fühlen, ist dabei noch nicht einmal das Schlimmste. Kunden meckern immer über irgendetwas. Dass sich der Verkäufer damit aber ins eigene Bein schießt, ist eine ganz andere Sache. Denn der reisewillige Kunde von eben wird rasend schnell «zickig», wenn er merkt, dass dem Verkäufer seine Wünsche schnuppe sind. Der Kunde wird nicht gefragt, was er will. Also zahlt er's dem Verkäufer heim. Er hat an jedem Angebot was auszusetzen. Jeder Produktvorteil, den der Verkäufer nennt, stößt beim Kunden auf taube Ohren. Wer die Bedürfnisse des Kunden nicht einholt

- ist im Blindflug unterwegs: Er weiß nicht, was dieser braucht und auf welche Argumente er anspringt.
- vergeudet massenhaft Zeit. Denn er redet ins Blaue hinein.
- provoziert Einwände und typische Gesprächsabbrüche: «Das muss ich mir nochmals überlegen. Ich komme wieder.» (Tut er nicht.)

Die meisten Verkäufer verkaufen viel zu schnell. Sie versuchen, in zwei Minuten herauszufinden, was der Kunde will, und verbraten zwanzig Minuten für die Produktpräsentation. Logisch, dass die Präsentation umso heftiger danebengeht, je weniger man weiß, was dem Kunden überhaupt wichtig ist und worauf er pfeift. Viele Verkäufer bemerken den Unmut des Kunden, führen ihn aber auf die falschen Ursachen zurück: «Ich berate schlecht. Das Produkt überzeugt ihn nicht. Die Konkurrenz ist stärker.» Irrtum. Die Präsentation ist prima, das Produkt gut und die Konkurrenz war noch gar nicht im Haus. Aber die Untersuchungsphase war zu kurz. Wer nicht ganz genau weiß, was der Kunde will, präsentiert immer an der Realität vorbei. Betrachten wir zwei typische Verkaufsgespräche.

Egon: «Wie möchten Sie das Geld denn anlegen?»
«Mit hoher Rendite.»
«Dann rate ich Ihnen zu Aktien.»
«Um Gottes willen, bloß nicht. Wenn der Markt einbricht, bin ich das Geld los.»
«Dann kämen Festverzinsliche in Frage.»
«Lassen Sie mal sehen. Viel zu niedriger Zins.»
«Dann würde ich Ihnen Fonds empfehlen.»
«Aber ...» und so weiter. Der Kunde «zickt» durch das komplette Gespräch. Egon denkt: «Der weiß nicht, was er will.» Irrtum, Egon weiß nicht, was der Kunde will. Kim findet es heraus.

Kim: «Wie möchten Sie das Geld denn anlegen?»
«Mit hoher Rendite.»
«Ist das die einzige Bedingung? Oder muss die Anlage noch andere Kriterien erfüllen?»
«Natürlich. Es darf nicht riskant sein.»
«Wie steht es mit dem Zugriff? Brauchen Sie das Geld voraussichtlich lange nicht oder …?»
«Nein, nein, eigentlich brauche ich einen schnellen Zugriff. Ich möchte nur nicht, dass so viel davon auf dem Girokonto rumliegt.»
«Okay, ich fasse mal zusammen: Sie wollen einen hohen Effektivzins?»
«Ja.»
«Aber ohne erhöhtes Spekulationsrisiko?»
«Ja.»
«Und mit möglichst täglicher Verfügbarkeit?»
«Ja, genau.»
«Dann schlage ich unseren SY-Fonds vor.»
«Und der hat das alles?»
«Alles.»
«Wo unterschreibe ich?»

Das hat durchaus etwas Magisches an sich. Wenn Sie dem Kunden seine Bedürfnisse laut vorsagen, können Sie ihm praktisch anbieten, was Sie wollen: Er schlägt ein. Denn alles, was nach einer Aufzählung seiner Bedürfnisse genannt wird, betrachtet er als Ideallösung. Machen Sie doch mal im Privatleben die Probe. Normalerweise, wenn ein Kollege oder Bekannter jammert und man Vorschläge zur Lösung macht, wird Ja-Aber gespielt:
«Mein Chef ist ein Scheusal!» «Lies ‹Wie führe ich meinen Chef?› Gutes Buch.» «Ja schon, aber was so alles in Büchern steht. Das hilft mir nicht.»

Und jetzt machen Sie daraus ein kleines U-Spiel:
«Mein Chef ist ein Scheusal!»
«Wie meinst denn das?»

«Er müllt mich zu. Er hat keine Ahnung von der Materie. Er ist ungerecht.»
«Möchtest du was dagegen unternehmen?»
«Hm, im Grunde schon …»
«Möchtest du etwas, was dir hilft, dass er dich nicht länger zumüllt, dass er sich aus deinen Sachentscheidungen raushält und dass er sich dir gegenüber fair verhält?»
«Das gibts? Das gibts wirklich? Sag schon.»
«Lies das. Probiers aus. Dann reden wir wieder.»
Eigentlich ist die Sache ganz einfach. Wenn man nicht genau weiß, was der Kunde will, kann man sich jedes Argument sparen. Wenn man dagegen weiß, was er braucht, kann man jedes Argument exakt auf diesen Bedarf hin formulieren. Das Produkt verkauft sich danach von alleine. Weil es eben kein Produkt mehr ist, sondern eine Problemlösung. Niemand braucht einen Hammer. Jeder einen Nagel in der Wand.
Zu trauriger Berühmtheit gelangte der Verkäufer einer Kfz-Nobelmarke. Er stellte einem Kunden den Rückspiegel vor, dessen Einstellungen sich per Bordcomputer speichern lassen. Darauf der Kunde: «So ein Schnickschnack. Wer braucht diese Spielerei?» Als der Nichtkunde dies entrüstet zu Hause seiner Frau erzählte, sagte diese: «Du legst doch Wert auf Sicherheit, oder? Wenn ich also den Wagen fahre, den Spiegel runterstelle und du morgens dann zur Arbeit hetzt, den Spiegel vor lauter Eile nicht wieder hoch stellst und deswegen unsere Tochter rückwärts tot fährst – dann wäre so ein Positionsspeicher doch super sicher, nicht?» Der Mann riss die Augen auf. Seine Frau war der bessere Verkäufer. Sie hatte herausgefunden, was ihr Mann wirklich will. Der Autoverkäufer hatte keine Ahnung davon.
Der Autoverkäufer leidet unter einer typischen Berufskrankheit. Er glaubt, dass ein tolles Produkt für sich spricht. Dass der Kunde denkt: «Speicherbare Rückspiegelposition? Aber das ist ja super sicher!» Wenn der Kunde so ultrarational und klar denken könnte, dann bräuchte man keinen Verkäufer. Denn dann hätte man ein selbstverkäufliches Produkt. Der

Kunde braucht es nur anzusehen, und schon fällt ihm der Nutzen wie Schuppen von den Augen. So ist das aber nicht. Der Kunde kann bei erklärungsbedürftigen Produkten und Produkt-Features eben nicht den Produktvorteil in Zusammenhang zu seinem Nutzen setzen. Das ist Aufgabe des Verkäufers. Doch wenn dieser noch nicht einmal weiß, welchen Nutzen der Kunde will, kann auch er keine Verbindung herstellen.

Die Kunst, herauszufinden, was der Kunde will, ist durchaus mit der ärztlichen Diagnose zu vergleichen. Bedienen Sie sich deshalb des diagnostischen Instrumentariums der Medizin: Fragen.

Das Schnellschuss-Syndrom

Wer wissen will, was der Kunde möchte, muss den Kunden fragen. Das weiß jeder Verkäufer. Also fragt jeder Verkäufer: «Kann ich Ihnen helfen?» «Woran haben Sie denn gedacht?» «Wie viel möchten Sie ausgeben?» Das geht ganz automatisch – daneben. Betrachten wir nochmals Egons Desaster von eben:

Egon: «Wie möchten Sie das Geld denn anlegen?»

«Mit hoher Rendite.»

«Dann rate ich Ihnen zu den Aktien.»

«Um Gottes willen, bloß nicht. Wenn der Markt einbricht, bin ich das Geld los.»

«Dann kämen Festverzinsliche in Frage.»

«Lassen Sie mal sehen. Viel zu niedriger Zins.»

«Dann würde ich Ihnen Fonds empfehlen.»

Egon fragt zwar, wie er es im Verkaufsseminar gelernt hat. Aber er fragt zu wenig. Er schießt aus der Hüfte. Eine einzige Frage, und schon präsentiert er das Produkt. Wie schafft Egon das bloß? Ist er Gott? Ist er Telepath? Hat er den Röntgenblick? Seit wann lässt sich das, was ein Kunde – nachgewiesenermaßen das komplizierteste Wesen im Universum – will, in

eine einzige Frage pressen? Und wenn das möglich wäre, warum arbeitet dann Egon noch als Finanzberater und hat sich nicht mit den Rechten an dieser einzig wahren goldenen Frage als Trainer und Guru dumm und dämlich verdient?
Spaß beseite. Die meisten Verkäufer stellen zwar nicht wie Egon eine einzige Frage. Aber sie schießen immer noch zu schnell. Man stellt zwei, drei Fragen und bekommt einen ersten groben Eindruck von dem, was der Kunde will. Dann präsentiert man seinen Produktvorschlag und wundert sich, dass später im Gespräch die Einwände wie Pilze aus dem Boden schießen. Man hat in der U-Phase irgendeine kleine Detailfrage vergessen und stellt nach zehn Minuten fest, dass man auf dem völlig falschen Dampfer präsentiert! Die meisten Verkäufer glauben schon nach wenigen Sätzen des Kunden, genau verstanden zu haben, was er meint. Und das ist fast immer ein riesiger Irrtum, den man später büßen muss. Für jede Minute, die man während der U-Phase einsparen zu können glaubt, muss man später vier bis acht Minuten an unnötiger Einwandbehandlung drauflegen. Jede Frage, die man in der U-Phase zu stellen vergisst, begegnet einem später als Einwand oder Gesprächsabbruch wieder. Und dann kostet die Klärung der Frage viel mehr Zeit. Also sollte man so lange fragen, bis man sich sicher ist, sämtliche kaufrelevanten Faktoren erfasst zu haben:

Die Bedürfnis-Komponenten

Was will der Kunde wirklich? Finden Sie alles heraus, was sein Bedürfnis kennzeichnet:

- Für welchen Verwendungszweck braucht der Kunde das Produkt, die Dienstleistung?
- In welcher Problemsituation will er das Produkt einsetzen?
- Was stört ihn am jetzigen Zustand?
- Was erhofft er sich von einer Lösung?

- Welche Absichten verfolgt er mit dem Kauf, was sind seine Ziele, Zukunftspläne?
- Was sind seine möglichen Kaufmotive?
- Muss er auf die Meinung anderer achten (Prestigefaktor)?
- Welche Lösungseigenschaften sind ihm wichtig, welche weniger wichtig?
- Welchen Informationsstand hat er überhaupt?
- In welcher Kaufphase befindet er sich (s. u.)?

Und das sind nur die nötigsten Fragen, die Sie unbedingt klären sollten. Sicher fallen Ihnen auf Anhieb für Ihr spezielles Gebiet noch mindestens ein Dutzend ein. Ohne valide Antworten auf diese Fragen ist man als Verkäufer im Blindflug unterwegs. Einige Beispiele dazu:

Der Kunde wünscht einen Hochdruckreiniger. Der Verkäufer präsentiert begeistert das neueste Modell und erläutert haarklein alle Features von der Druckvariation bis zur Schwemmmenge (ja, sowas gibt es). Der Kunde fühlt sich veräppelt: Es ist bereits sein dritter Reiniger. Die Fachausdrücke kennt er inzwischen fast so gut wie der Verkäufer. Er glaubt, der Verkäufer hält ihn für dumm. Schlechter Start, schlechtes Gespräch, prompte Quittung: «Ich muss mir das nochmals überlegen.» Wer würde das bei dieser Behandlung nicht auch sagen? Niemand lässt sich gern zum Idioten stempeln.

Kunde wünscht Industriesauger für sein Einzelhandelsgeschäft. Verkäufer präsentiert Modell. Kunde kauft für 1500 DM und sagt beim Abschluss: «Die Rollen laufen gut. Da können die Einzelplätze in der Werkstatt sich das Ding bequem zurollen.» Der Verkäufer erleidet einen Herzinfarkt. Er ging davon aus, dass der Sauger für die Verkaufsfläche vorgesehen war. In der Werkstatt hätte er eine zentrale Sauganlage mit Terminals für die einzelnen Arbeitsplätze verkaufen können. Umsatzverlust: 8000 DM. Für eine einzige vergessene Frage ist das relativ teuer, finden Sie nicht?

Und so geht das weiter. Für jede Frage, die man zu stellen vergisst, zahlt man drauf. Wenn Sie ein einigermaßen berufserfahrener Verkäufer sind, dann ist das für Sie kalter Kaffee. Sie haben Ihren Fragenkatalog, Ihre Checkliste. Entweder auf Papier oder im Blut. Und jetzt kommt der Witz: Viele gute Verkäufer fragen wirklich alle nötigen Fragen. Aber sie wollen die Antworten nicht hören!

Das Schubladen-Syndrom

«Wofür benötigen Sie den Kredit denn?»
«Also, unsere Oma hat uns dieses Häuschen vermacht. Und da muss nun allerhand erneuert werden. Und da – »
«Ah, ja, verstehe. Und an welche Summe haben Sie dabei gedacht?»
«Na, so um die 50.000.» Der Verkäufer denkt noch: «Kleine Fische. Damit kann er keine große Renovierung durchziehen.» Aber er berät weiter. Und nach zehn Minuten fliegt ihm das Gespräch um die Ohren:
«Ja, aber haben Sie nicht extra diese supergünstigen Autokredite?»
«Wie? Ich denke, Sie wollen renovieren?»
«Ja, schon, aber dafür haben wir doch das Geld zusammengekratzt, das ist auch schon ausgegeben, deshalb haben wir doch jetzt kein Geld mehr für ein neues Auto, das habe ich Ihnen doch vorhin versucht zu erklären!»
Das hat aber nicht funktioniert, weil der Bankberater auf das Stichwort «Renovierung» wie der pawlowsche Hund beim Reflex «Fressen» reagierte, die Schublade «Baufinanzierung» aufzog und den Kunden zur «Baufinanzierungsurkunde» werden ließ.
Dieser Fehler passiert ständig. Als Kunde erlebt man kein einziges Beratungsgespräch, bei dem man nicht irgendwann in einer völlig falschen Schublade landet. Achten Sie mal darauf, wenn Sie als Kunde unterwegs sind. Man fühlt sich ständig irgendwie missverstanden, eingetütet, abgestempelt,

signed, sealed, delivered. Das ist Ruck-zuck-Beratung. Sell them fast and throw'em out. McDonald's-Verkauf. Woher kommt diese Verführung zur Früheintütung? Vom Unvermögen, zuhören zu können.

Das ist nun niemandes Schuld. Heutzutage kann kein Mensch mehr richtig zuhören. Wir ziehen alle und fast immer voreilige Schlüsse. Hat einer eine Brille auf, ist er gleich intelligent. Dicke Menschen sind gemütlich. Leute in Jeans haben kein Geld. Einer mit Pulli ist ein Müsli. Im Privatleben sind solche Vorurteile vielleicht lustig. Im Beruf kommen sie teuer. Eines schönen sonnigen Tages latscht einer in Birkenstock und Maurerweste ins beste Optiker-Geschäft am Platz. Er will eine Sonnenbrille, «aber eine richtig coole». Der Optiker zeigt ihm mitleidig die Supermarkt-Palette. Der Typ entscheidet sich für ein Modell um 48 DM. Da kommt das Lehrmädchen rein, begrüßt den Typ, den sie offenbar privat gut kennt und der bereits die Brille aufhat, mit Bussi und fragt (sie weiß nichts vom eben abgewickelten Kauf): «Was willst du denn mit diesem Billigdings? Bist du gekommen, bei uns 'ne richtig geile Nummer zu holen?» und zeigt auf die Ray Ban für 250 DM. Der Typ greift ohne zu zögern zu. Es ist der Sohn des hiesigen Bankchefs. Geld spielt für ihn keine Rolle. Cool muss die Brille sein. Der Optiker hat seinem Azubi bis heute nicht verziehen. Er denkt noch immer in Schubladen.

Wenn Sie sich schon die Mühe machen, die richtigen Fragen zu stellen, dann warten Sie auch die richtigen Antworten ab. Und checken Sie lieber nochmals nach, ob Sie den Kunden richtig einschubladeln. Dafür gibt es viele Instrumente. Sie können nachfragen:

«Sie meinen also …?»

«Nein, nein, so war das nicht gemeint.»

Sie können paraphrasieren, also eine Äußerung in anderen Worten zurückspiegeln:

«Ich möchte lieber auf Nummer sicher gehen.»

«Sie möchten Ihr Geld dort anlegen, wo es am sichersten vor Kursverlusten ist?»

«Nein, ich meinte, es soll sicher einer von der Familie Zugriff haben, auch wenn ich mal nicht mehr hier bin …»
Sie können wiederholen und zusammenfassen:
«Also, wenn ich das nochmals wiederholen darf: Sie suchen ein Haus in Randlage, unter einer halben Million, Neubau, gute Verkehrsanbindung …»
«Hmh, wo Sie das so aufzählen, ist die Verkehrsanbindung nicht so wichtig. Randlage ist mir wichtiger.»

Kim ist übrigens Fanatikerin, was die U-Phase anbelangt. Sie ist für ihre messerscharfe Analyse so bekannt, dass die Kunden zwischenzeitlich ausdrücklich auf eine Beratung durch Kim bestehen.
Und das beeindruckt die Kunden ungemein: «Die hört mir wenigstens noch zu.» «Die berät wirklich gut.» Nein, das tut sie nicht. Sie berät mit keinem Wort. Sie findet nur heraus, was die Leute wollen. Danach muss sie gar nicht mehr beraten, weil danach ein ganz bestimmtes Produkt haargenau auf die diagnostizierte Bedarfslage passt. Aber genau das verstehen Kunden unter Superberatung: exakte Diagnose der Lage.
«Die hat mir noch nie was verkauft, was ich nicht wollte.»
«Die nimmt sich viel mehr Zeit für mich als andere.» Auch falsch. Kim liegt zehn Minuten unter dem Beratungsdurchschnitt. Weil sie dank ihrer guten U-Phase niemals danebenliegt und damit Zeit bei Produktpräsentation und Einwandsbehandlung einspart. Sie braucht viel weniger Zeit als ihre Kollegen, aber dem Kunden kommt das viel länger vor. Weil es *quality time* ist, wie man in Amerika sagt.

Der Kunde weiß nicht, was er will

Gehen wir einen Schritt weiter. Gehen wir zu den Verkäufern, die erkannt haben, dass Fragen Gold wert ist. Egon zum Beispiel weiß genau, dass er fragen muss, wenn er wissen will,

was der Kunde braucht. Aber: «Das ist doch das Verrückte! Ich bekomme auf meine Fragen keine brauchbaren Antworten! Die Kunden wissen eben nicht, was sie wollen!» Das kann schon sein. Aber ebenso kann es sein, dass Egon nicht die richtigen Fragen stellt. Denn zwischen Fragen und Fragen gibt es einen Unterschied. Didi Hallervorden hat das mal schön überzeichnet:
«Guten Tag, ich hätte gerne 10 kg Kohlebriketts.»
«Haben Sie 'ne Flasche dabei?»
Wenn man mit Fragen etwas herausfinden möchte, sollte man die richtigen Fragen stellen. Dazu muss man die verschiedenen Fragearten zuerst einmal unterscheiden können. Es gibt

- Wunsch-Fragen zu Wünschen des Kunden,
- Fach-Fragen zu Merkmalen eines Angebotes,
- die Preis-Frage.

Egon hat Probleme mit seinen Fragen, also sehen wir uns einige seiner Fragen genauer an. Auf den ersten Blick ist Egon ein vorbildlicher Verkäufer. Er macht eine sehr gewissenhafte U-Phase. Er fragt: «An welche Versicherungssumme denken Sie?» «Wie lange soll die Laufzeit sein?» «Haben Sie schon mal an eine Nebenabsicherung gedacht?»
Diese Fragen machen auf den ersten Blick Sinn, oder? Doch Egon erhält darauf immer wieder dieselben unbrauchbaren Antworten: «Äh, weiß nicht.» «Woher soll ich das wissen? Sie sind doch der Fachmann!» «Darüber habe ich mir noch keine Gedanken gemacht.»
Ähnlich verhält es sich mit der Preis-Frage. Die meisten Verkäufer fragen gleich zu Beginn: «Wie viel wollen Sie denn ausgeben?» Logisch, denn man muss ja wissen, ob man das Luxusprodukt oder das Economy-Produkt präsentieren soll. Aber genau das weiß Egon nie, denn die Standardantworten sind: «Äh, weiß nicht.» «Das kommt darauf an.» Und das stimmt exakt: Es kommt drauf an. Nämlich auf das konkrete Bedürfnis. Und das muss erst geklärt werden.

Egon stellt seine Fach- und Preis-Fragen viel zu früh! Der Kunde sagt «Weiß nicht», weil er es tatsächlich nicht weiß – noch nicht. Der Kunde kann die Frage noch nicht beantworten. Denn er ist sich über seine eigenen Bedürfnisse noch nicht klar genug. Und jetzt kommt der Witz dabei: Er erwartet vom Verkäufer, dass ihm dieser hilft, sich über seine Bedürfnisse klar zu werden! «Der Kunde weiß nicht, was er will.» Ja, und das ist sein volles Recht! Der Verkäufer ist dazu da, mit ihm zusammen herauszufinden, was er will. Wenigstens erwartet das der Kunde. Jeder Verkäufer, der behauptet «weiß nicht, was er will», ignoriert diese Erwartung. Und wer Kundenerwartungen ignoriert, verzichtet auf Umsatz.

Kim sagt ganz klar: «Kunden sind mit Fachfragen immer überfordert. So viel Fachwissen haben die meist nicht.» Also stellt sie zunächst ausschließlich Fragen der Kategorie 1: Wunsch-Fragen.

Zum Beispiel: «Wo genau drückt der Schuh?» «Was gefällt Ihnen an der gegenwärtigen Situation?» «Was möchten Sie unbedingt geändert haben?»

Kurz: Sie fragt sich durch die versammelten Bedürfnis-Komponenten.

Auch Egon hat den Unterschied zwischen Wunsch- und Fach-Frage erkannt. Er fragt: «Wie stellen Sie sich denn eine passende Lösung für Ihr Anliegen vor?»

Eigentor. Schon wieder. Denn auch das weiß der Kunde nicht! Der Kunde ist der mit dem Problem. Der Verkäufer ist der mit der Lösungskompetenz. Nicht umgekehrt. Man kann doch einen Kunden nicht nach der Lösung seiner Probleme fragen! Wenn er die wüsste, wozu bräuchte er dann den Verkäufer?

Kim fragt dasselbe, aber als Wunsch-Frage: «Wie hätten Sies denn gerne, sagen wir mal in ein, zwei Monaten? Was muss da anders sein?»

Auf Egons Frage kann der Kunde nur antworten: «Aktienfonds, internationale Zusammensetzung, Mindestverzinsung zwölf Prozent im Dreijahresgleitdurchschnitt.»

Auf Kims Frage kann er antworten: «Das Geld muss runter vom Girokonto. Da bringt es nichts. In zwei Monaten will ich, dass das irgendwo liegt, wo es deutlich mehr Rendite bringt, aber wo ich täglich zugreifen kann.»

Wie reif ist der Kunde?

Egon stürmt mit knallroter Birne ins Büro: «Dieser Idiot! Da setze ich ihm haarklein bereits die Durchführungsmodalitäten auseinander, wir reden seit zwanzig Minuten nur noch vom Abschluss, und was macht der Kerl? Sagt, dass er sich das nochmals durch den Kopf gehen lassen muss! Was haben wir denn die ganze Zeit getan?» Dieser Kunde spinnt wohl völlig. Nein. Spinnt Egon? Auch nicht. Egon hat lediglich eine Wissenslücke. Egon hat wirklich super verkauft, und der Kunde tickt richtig. Er ist nur noch nicht reif. Aber das weiß Egon nicht.

Der Reifegrad des Kunden

0 Der *Ahnungslose*: Der Kunde erkennt keinen Handlungsbedarf.
1 Der *Unzufriedene*: Kunde ist unzufrieden mit Status quo.
2 Der *Sammler* informiert sich, vergleicht Lösungsmöglichkeiten.
3 Der *Bedenkenträger* will letzte Bedenken ausräumen.
4 Der *Jäger* ist zum Kauf bereits entschlossen.

Egon hat es bereits demonstriert: Wenn man nicht erkennt, in welcher Reifephase der Kunde steckt, geht das Gespräch schief. Egon hatte einen Sammler vor sich. Sammler werden nicht müde, alle möglichen und unmöglichen Informationen zusammenzutragen und sich zum selben Thema mehrmals von verschiedenen Leuten beraten zu lassen. Egon beging gleich zwei Fehler. Er wurde ungeduldig und er versuchte, seinen Kunden davon abzuhalten, auch noch zur Konkurrenz zu gehen. Beides Todsünden. Der Sammler möchte sammeln. Also lässt man ihn. Man ermutigt ihn sogar noch dazu. Er wird einen angenehm in Erinnerung behalten und es mit Umsatz lohnen. Denn irgendwann ist er reif: Er wird zum Jäger.

Wir alle laufen diese Reifephasen durch. Der eine schnell, in Sekunden, der andere langsam, in Jahren. Das kommt auf die Persönlichkeit und die individuelle Größe der Kaufsumme an. Es ist wichtig, die aktuelle Phase zu erkennen, sonst liegt man im Gespräch daneben. Die meisten Verkäufer erkennen den Reifegrad nicht und stellen sich selbst ein Bein:

Egon drängt einen Sammler («Typisch, weiß nicht, was er will!») zur Entscheidung. Der Sammler wollte aber nicht entscheiden, sondern sammeln. Darf er das bei Egon nicht, kann ihm Egon gestohlen bleiben.

Lucy ist das Gegenteil von Egon: sehr behutsam. Sie klärt wirklich sämtliche Aspekte der Ist-Situation und der Problemstellung ab und stellt, wie sie es gelernt hat, massig Fragen, bevor sie zum Abschluss kommt. So verliert sie alle Jäger. Denn die fühlen sich auf die Folter gespannt: «Ich will hier schnell ’nen Einkauf machen und die Tante erzählt mir was vom Pferd!» Selbst wenn einer der Jäger hartnäckig bei Lucy bleibt, trägt sie Eulen nach Athen und verplempert ihre Zeit. Sie macht exakt denselben Job nochmals, den ihre Mitbewerber bereits gemacht haben. Nämlich das Problembewusstsein des Kunden zu schärfen (von Phase 0 nach Phase 1), ihm alternative Lösungsmöglichkeiten zu zeigen (von 1 nach 2), letzte Bedenken auszuräumen (2 nach 3). Wer den Kunden wie einen reifen Apfel lesen kann, dem passieren solche Schnitzer nicht.

Mit geschlossenen Fragen zum Eigentor

Egon hat schon einige Verkäuferschulungen hinter sich. Dort hat er immer wieder gelernt, was Verkäufer auf Verkäuferschulungen immer wieder lernen: offene Fragen stellen. Man fragt nicht: «Wollen Sie das Rote oder das Grüne?» Vielleicht will er ja das Blaue, auf das man dann gar nicht kommt. Deshalb fragt man: «Was hätten Sie denn gerne?»

Was hält Egon von dieser grundlegenden Fragetechnik? Nichts: «Seminarunfug. In der Praxis funktioniert das nicht.» Egon fragt: «An was haben Sie denn so gedacht?» Offene Frage, oder? Der Kunde antwortet – okay, inzwischen ahnen Sie's: «Äh, weiß nicht.» Also hilft Egon dem Kunden auf die Sprünge: «Hätten Sie lieber den ertragreichen, aber riskanteren A-Fonds oder den weniger riskanten, aber weniger ertragreichen B-Fonds?» Und dann wundert sich Egon, dass ihm das Gespräch von der Schiene springt.

Einige Kunden fallen auf den Trick herein und wählen wirklich eine der beiden angebotenen Optionen. Und bis zum nächsten, besseren Verkäufer merkt keiner der beiden, dass sie die dritte, viel bessere Lösung übersehen haben.

Andere Kunden nehmen die Tour krumm: Sie machen Einwände. Sie springen nach Phase C: Contra geben. «Wissen Sie, diese Aktiengeschichten können Sie vielleicht Spekulanten andrehen.» Worauf sich der Verkäufer natürlich auf die Hinterbeine stellt: «Aktienfonds haben nichts mit Spekulation zu tun!» Aber da ist der Rapport schon beschädigt. Der Kunde geht immer dann in die C-Phase, wenn der Verkäufer N (Nutzen) und U (Untersuchung) verwechselt. Er macht ein Angebot («A oder B?»), geht also in die Verkaufsphase N wie Nutzenangebot, noch bevor er richtig untersucht hat. Man sieht daran sehr schön, wie man als Verkäufer Einwände des Kunden regelrecht provozieren kann, wenn man nicht aufpasst.

Kim übrigens stellt fast nur offene Fragen. Denn im Gegensatz zu Egon kann sie damit umgehen. Sie weiß, dass offene

Fragen den Kunden stark fordern. Er muss sich etwas bewusst machen, was bislang nur unbewusst in ihm schlummerte. Also macht sie bewusst nach jeder offenen Frage eine Pause. Egon kennt diese Pausentechnik nicht. Sobald der Kunde ihn nach einer offenen Frage groß und stumm anguckt, schiebt Egon sein Pseudo-Angebot hinterher: «A oder B?» Kim dagegen lässt dem Kunden die Zeit, die er braucht, um nachzudenken. In dieser Pause demonstriert sie sogar via Körpersprache Aufmerksamkeit und Interesse.

Wenn der Kunde gedanklich nicht weiter kommt, hilft sie ihm mit einer anderen offenen Frage weiter: «Wie hätten Sies denn gerne?» Pause, Grübel, Stirnrunzel, Kunde steckt offensichtlich fest: «Was erwarten Sie Positives von einer Lösung?» «Na, dass meine Vorsorge bombensicher geregelt ist!» Egon dagegen befreit seinen Kunden vom wirklichen Nachdenken, indem er ihm ruck, zuck Alternativen auf den Tisch haut. Deshalb erfährt er nie, was sein Kunde wirklich will. Deshalb verliert er so viel Zeit in Phase C mit den Einwänden. Indem Egon «Hilfen» anbietet, verschüttet er die Kundenwünsche.

Offene Fragen taugen also nur dann etwas, wenn sie von einer geduldigen, interessierten Pause und etwaigen unterstützenden offenen Fragen begleitet werden. Natürlich antwortet der Kunde auf eine offene, abstrakte Frage auch offen und abstrakt:

«Was wünschen Sie sich von einer Ideallösung?»

«Ein leichteres Leben.»

«Leichter – was kann ich mir darunter vorstellen?»

«Na, dieser ganze Papierkram ist doch beschwerlich. Den möchte ich ein für alle Mal los sein.»

Sind also geschlossene Fragen generell verboten? Ja, in der Anfangsphase der Untersuchung immer. Sie verschütten die wahren Wünsche des Kunden. Wenn der Kunde dagegen bereits deutlich, zuverlässig und umfassend gesagt hat, was er möchte, sind geschlossene Fragen sehr nützlich, um seine bereits geäußerten Wünsche zu präzisieren: Wie viel, wie groß, wie lange … ? Außerdem benötigen Sie hin und wieder eine Bestätigung Ihrer Einschätzung seiner Wünsche: «Verstehe ich Sie richtig, Sie möchten …?» Dabei ist es psychologisch von Vorteil, wenn Sie die Frage so formulieren, dass die Antwort eher Ja ist. Nein ist tendenziell unerfreulich und belastet den Rapport. Vor allem, wenn der Kunde auf mehrere Fragen mit Nein antworten muss.

Wenn Sie sich nicht erst seit heute mit dem Königsinstrument des Verkäufers, der Fragetechnik, beschäftigen, werden sie an dieser Stelle ein oder zwei Fragen haben, die sich auf Ihre Erfahrung im Praxiseinsatz beziehen. Auf unseren Seminaren fragen die erfahrenen Verkäufer und Kundenberater an dieser Stelle immer: «Aber gehe ich mit meiner exzessiven Fragerei dem Kunden nicht auf den Geist? Das ist doch nicht nur für mich, sondern auch für ihn ziemlich anstrengend. Außerdem: Fühlt er sich dann nicht ausgefragt? Und belastet das nicht wiederum den Rapport?»

Natürlich strengt eine fundierte Diagnostik den Kunden an (nicht nur den Verkäufer). Der Kunde hätte es am liebsten, wenn er überhaupt nicht nachdenken und artikulieren müsste; denn Nachdenken ist anstrengend. Er hätte es am liebsten, wenn der Verkäufer Gedanken lesen und ihm die Ideallösung all seiner Probleme aus dem Hut zaubern könnte. Menschlich. Verständlich. Viele Kunden kapieren, was Sie mit Ihrer Fragerei bezwecken. Aber es schadet nichts, vor allem, wenn Sie merken, dass der Kunde geistig abdriftet, wenn Sie ihn mit der Superfrage bei der Stange halten:

«Gestatten Sie, dass ich noch drei oder vier Fragen stelle?»

Noch besser ist es, wenn Sie ihn motivieren können. Der Mensch verlangt nach Sinn. Sagen Sie ihm, warum Sie fragen: «Ich sehe schon recht gut, was Ihnen wichtig ist. Aber damit mein Angebot wirklich alle Ihre Wünsche zufrieden stellt, möchte ich noch drei oder vier Fragen stellen. Sie merken gleich, worauf ich hinauswill. Ist das okay?»

Andere Verkäufer haben ein ganz anderes Problem: «Ich habe keine Mühe, die Kunden zum Sprudeln zu bringen. Im Gegenteil! Wenn die mal angefangen haben, hören die nie wieder auf! Mein Problem sind nicht offene Fragen. Mein Problem ist: Wie kriege ich den Kunden zurück zum Thema, ohne den Rapport zu beschädigen?»

Tja, viele Verkäufer fragen nicht offen, weil sie Angst vor der Verballawine haben, die sie damit lostreten könnten. Das ist eine verständliche Angst. Aber deshalb auf offene Fragen ganz zu verzichten? Das kommt, wie wir in diesem Kapitel schon dutzendfach gesehen haben, sehr, sehr teuer. Man kann nicht ohne Gaspedal Auto fahren. Aber man braucht auch eine Bremse. Ein Verkäufer braucht beides: offene Fragen und eine Technik, den Kunden beziehungsfreundlich wieder zum Thema zurückzuholen. Die einfachste Technik dafür hat eigentlich jeder von uns drauf. Wir wissen, dass es den Rapport beschädigt, wenn wir «abkneifen»: «Bitte lassen Sie uns zum Thema zurückkommen.» Das kann nur unhöflich wirken. Denn man fällt mit der Tür ins Haus. Man sagt: «Und jetzt zurück zu A», und der Kunde hört: «Was du über B sagtest, ist irrelevant.» Viel eleganter ist es, wenn man nicht mit der Tür ins Haus fällt, sondern ein Gastgeschenk mitbringt, indem man das vom Kunden Gesagte offen, ehrlich und authentisch würdigt:

«Ja ja, die lieben Verwandten! Wem sagen Sie das. Sie sollten mal meinen Erbonkel erleben! Da könnte ich Ihnen Zoten erzählen. Aber ich glaube, das führt jetzt zu weit. Wollen wir wieder zurück zu unserem Anlagespiegel?»

Wer NLP-bewandert ist (neurolinguistisches Programmieren): Das ist natürlich die Technik des Pacing and Leading. Man kann jemanden nur dann verändern (Leading), wenn man vorher einige Schritte mit ihm gegangen ist (Pacing): «Ja ja, die lieben Verwandten! Wem sagen Sie das. Sie sollten mal meinen Erbonkel erleben! Da könnte ich Ihnen Zoten erzählen.» Pacing: Geht einige Schritte mit dem Thema des Kunden mit.

«Aber ich glaube, das führt jetzt zu weit. Wollen wir wieder zurück zu unserem Anlagespiegel?» Leading: Wechselt das Thema.

Diese Technik funktioniert. Immer. Vorausgesetzt, Sie bringen das Pacing knochentrocken ehrlich und absolut überzeugend. Wenn Ihnen zum Pacing nichts Vergleichbares aus Ihrem eigenen Erfahrungsschatz einfällt (Selbsterlebtes wirkt automatisch überzeugend), was Sie dem Kunden als Gastgeschenk mitbringen können, sollten Sie lieber gar nichts sagen. Sonst fliegt Ihnen der Rapport um die Ohren. Dann hört man dem Kunden eben so lange zu, bis einem etwas Vergleichbares aus dem eigenen Nähkästlein einfällt.

Fragen, Fragen, Fragen

Spätestens hier dürfte in aller Deutlichkeit klar geworden sein: Wer nicht richtig fragen kann, fliegt blind durchs Beratungsgespräch. Doch: Wie fragt man richtig? Welche Fragen soll man stellen? Die richtigen Fragen ergeben sich zwangsläufig aus der logischen Abfolge eines Verkaufsgespräches. Ziel der ersten Hälfte eines jeden Gesprächs ist die Antwort auf die Frage: Was will der Kunde eigentlich? Diese Frage kann man dem Kunden unmöglich und unmöglich als Erste stellen. Das würde den Rapport beschädigen. Also muss man zunächst Fragen stellen, und zwar die Menge:

Kontaktfragen

Sie richten den Rapport (s. Kapitel 3) zwischen Verkäufer und Kunden ein.

Nehmen wir zum Beispiel ein von Kim geführtes Gespräch und picken wir daraus ihre Fragen heraus. Es geht um das Thema Altersvorsorge:
K: «Hallo, Herr Meier. Na, ist Ihr Sohn inzwischen gut durchs Abitur gekommen?»
«Wie war der Urlaub?»
Verwenden Sie nicht zu viele Kontaktfragen. Eine oder zwei genügen. Und kleben Sie nicht zu lange daran fest. Viele

Verkäufer reden minutenlang über Wetter, Urlaub, Fußball. Der Kunde sitzt daneben und denkt: «Was soll das Gequatsche? Wann kommt er endlich zur Sache?» Wenn der Kunde ausschweift, ist das etwas anderes. Der Verkäufer kann sich Ausschweifungen im Dienst nicht leisten.
Egon verwendet als Kontaktfrage immer: «Wie gehts Ihnen denn so?» Er meint es gut, er möchte Kontakt herstellen. Aber leider geht das daneben. Denn diese und andere Floskeln sind eindeutig als solche erkennbar. Vor allem, wenn sie bei jedem Kundenkontakt gebetsmühlenartig wiederholt werden. Der Kunde macht die Tür auf und weiß schon, was jetzt kommen wird: «Wie geht es Ihnen?» Abgedroschene, vorhersehbare 08/15-Floskeln demonstrieren eine gewisse Gedankenlosigkeit und Geringschätzung dem Kunden gegenüber. Die Botschaft, die dahinter versteckt ist: «Ich habe seit unserem letzten Gespräch glatt vergessen, dass Ihr Sohn Abi macht und dass Sie in Urlaub wollten – so unwichtig sind Sie mir.» Floskeln dienen nicht dem Kontaktaufbau, sondern eher der Kontaktverhinderung.

Analysefragen

Analysefragen klären die Ist-Situation des Kunden: Bedürfnisse, Wünsche …

A: «Wie alt sind Sie, Ihre Frau, Ihre Kinder?»
«Wie ist Ihre berufliche Situation?»
«Über welchen Betrag können Sie monatlich verfügen?»
«Womit haben Sie bislang vorgesorgt?»
«Wie zufrieden sind Sie damit?»
«Welchen Lebensstandard streben Sie im Ruhestand an?»
Es liegt auf der Hand, dass Kim ohne diese Analysefragen überhaupt kein individuell passendes Angebot machen kann: Sie würde ohne diese Fragen von der Stange verkaufen.

Problemfragen

Dieser Fragentypus ergründet das Kundenproblem, die Schwierigkeiten, Sorgen, Gründe für die Unzufriedenheit des Kunden, restriktive Bedingungen einer Lösung, Gründe für das Scheitern anderer Lösungen …

«Womit sind Sie in der gegenwärtigen Situation unzufrieden?» «Wo sehen Sie selbst noch Absicherungsbedarf?» «Wie viel Geld fehlt Ihnen nach der bisherigen Absicherung, um auch im Ruhestand den gewünschten Standard aufrechtzuerhalten?» «Wodurch können Sie Deckungslücken kompensieren?»

Jeder Kunde hat ein Problem. Niemand will bloß einen Rasenmäher. Es soll zwar ein Rasenmäher sein, aber einer, der besonders leise ist oder der in eine beengte Garage passt oder … Problemfragen klären diese Rahmenbedingungen für ein Angebot. Stellt man sie nicht, kommt der Kunde später im Gespräch garantiert mit Einwänden: «Aber der passt doch gar nicht in meine Garage!» Dann hat man wertvolle Zeit mit der Präsentation eines falschen Produktes verloren.

Verkäufer sind im Allgemeinen hin- und hergerissen. Einerseits hat man für ein Gespräch (immer zu) wenig Zeit, andererseits muss man sichergehen, alle Faktoren der Kaufentscheidung einbezogen, also lange genug Fragen gestellt zu haben. Da man aber nie sicher sein kann, dass man alle relevanten Fragen gestellt hat, empfiehlt sich am Ende der U-Phase eine weitere Superfrage: «Muss ich noch etwas wissen, was wir bislang nicht angesprochen haben?» «Habe ich jetzt noch irgendetwas Wichtiges zu fragen vergessen?» «Haben wir alles angesprochen, was für Ihre Entscheidung wichtig ist?»

Trotz aller Sorgfalt in der U-Phase passiert es immer wieder, dass man mitten in der N-Phase (Nutzenargumentation, s. Kapitel 5) bemerkt, dass der Kunde sich in der U-Phase eben nicht ganz im Klaren war oder dass man ihn in einem Punkt missverstanden hat oder dass man etwas überhört hat oder dass man schlicht eine Frage vergessen hat.

Dann springt man eben mitten in der Nutzenargumentation in die Untersuchungsphase zurück: «Mir ist vorhin offensichtlich etwas Wesentliches entgangen. Wir haben die Frage des … nicht vollständig geklärt. Ich würde das jetzt gerne nachholen, einverstanden?»
Logisch, dass dies ein- oder zweimal, aber nicht ständig passieren darf. Denn damit würde man sich selbst als inkompetent outen.

Ernsthaftigkeitsfragen

Ernsthaftigkeitsfragen werden nur beim komplexen Verkauf (Gebrauchs-, Investitionsgüter, Dienstleistungen, Güter des nichtalltäglichen Bedarfs) eingesetzt. Sie verstärken die Intensität des Kundenbedürfnisses, indem sie dem Kunden Bedeutung und Tragweite seines Bedarfes bewusst machen.

Bei den meisten komplexen Verkäufen fehlt es den meisten Kunden an der nötigen Ernsthaftigkeit. Sie wissen zwar, dass sie ein … brauchen, realisieren aber nicht, welche gravierenden Konsequenzen an diesem Bedürfnis hängen. Wenn der Kunde deshalb das eigentliche Problem hinter seinem Bedürfnis bagatellisiert oder ganz verdrängt, muss man ihm die Ernsthaftigkeit der Angelegenheit vor Augen führen. Kim macht das gerne mit Angenommen-Fragen: «Angenommen, es kommt eine unvorhergesehene Belastung auf Sie zu – sagen wir, Gott behüte, der Fluss tritt wieder mal über die Ufer und verwüstet Ihre Kellerräume – was bedeutet das für Ihre jetzige Vorsorge? Auf wie viel müssten Sie verzichten?» «Was ist, wenn … als Posten für Ihre Vorsorge plötzlich wegfällt?» «Mit Ihrem jetzigen Vorsorgeplan fürs Alter – wie gut, glauben Sie, können Sie da Ihre Enkel unterstützen?»
Es liegt auf der Hand, dass man wegen einer Flasche Shampoo keine E-Frage stellt (es sei denn, frau berät im Body Shop oder in der Parfümerie). Bei einfachen Verkäufen braucht man den Kunden nicht auf eine Ernsthaftigkeit hinzuweisen, die an den Haaren herbeigezogen ist. Viele Verkäufer tun das: «Den-

ken Sie doch an die Seitenstabilität eines Turnschuhs! Da können üble Verletzungen auftreten.» Der Kunde kickt seit 25 Jahren. Aber noch nie hat er eine Verletzung gesehen, die auf einen rutschigen Turnschuh zurückzuführen ist. Der Verkäufer sollte weniger dem Herstellerprospekt und mehr der Plausibilität vertrauen.

Nützlichkeitsfragen

Solche Fragen werden ebenfalls nur im komplexen Verkauf eingesetzt. Sie bringen den Kunden dazu, dem Verkäufer den erwarteten Nutzen mitzuteilen. Das ist doppelt wichtig. Denn erstens lenken sie die Aufmerksamkeit des Kunden auf die Lösung und nicht auf das Problem oder auf Angebotsdetails. Und zweitens erhöhen sie die Akzeptanz für Ihre Lösung, denn der Nutzen, nicht die Produktvorteile, überzeugt (s. Kapitel 5).

Wenn Sie nicht gerade im Einzelhandel verkaufen, werden Sie sich nach dem Einsatz von E-Fragen sehr hüten, die Entscheidungsfrage zu stellen: Es reicht nicht. Und instinktiv weiß das jeder Verkäufer. Man kann den Kunden noch so lange auf die Ernsthaftigkeit seiner Lage hinweisen, das überzeugt ihn nicht restlos. Logisch. Kein Raucher mag es, wenn man ihm sagt, wie ernst Lungenkrebs ist. Er ist viel eher geneigt, das Rauchen zu reduzieren oder ganz aufzugeben, wenn man ihm die positive Seite der Medaille zeigt: kein schlechter Atem mehr, Treppensteigen ohne Keuchen, das Essen schmeckt endlich wieder … Also zeigen Sie dem Kunden die leuchtende Seite der Medaille: den Nutzen. Nein, besser noch. Da Sie kein Hellseher sind, lassen Sie den Kunden selber den Nutzen nennen: «Wenn Sie bei der Märchenfee einen Wunsch frei hätten: Wie sähe Ihr idealer Ruhestand aus?» «Wobei würden Sie keinesfalls Abstriche machen?» «Worüber würden Sie sich außerdem freuen?»

Wenn der Kunde sich (und Ihnen) seine Wunschträume vorführt, verkauft er sich Ihr Angebot quasi selber. Sie brauchen ihm gar nicht mehr vorzuschwärmen. Er macht das selbst. Und psychologisch weitaus wirksamer. Denn kein Mensch widerspricht seinen eigenen Ideen.

Entscheidungsfragen

Diese Fragen sollen die Kaufentscheidung herbeiführen.

«Was kann ich noch tun, damit Sie sich für dieses … entscheiden?»
«Was benötigen Sie noch für eine Entscheidung?»
«Was muss ich noch tun, damit Sie sich nach Ihrer Unterschrift noch genauso wohl fühlen wie jetzt?»

Die Feedback-Frage

Mit der Feedback-Frage lassen wir eine Prüfung durch den Kunden vornehmen: Haben wir seine Bedürfnisse zufrieden gestellt?

Die Feedback-Frage schmeckt vielen Beratern und Verkäufern nicht. Sie wird nur von wenigen Verkäufern (überzeugend) gestellt. Meist sind es die Spitzenverkäufer. Das Tragische am Beruf des Verkäufers ist, dass er dazu verdammt ist, seine umsatzschädigenden, provisionsvernichtenden und prestigeschädlichen Fehler ständig zu wiederholen – denn er kennt sie ja nicht! Wenn ein Kunde die berühmte Notbremse zieht (« … muss mir das noch mal überlegen …») oder gar nicht mehr wiederkommt oder zickt oder Druck macht oder sonstwie schwierig wird oder ganz einfach nicht den Umsatz bringt, den er brachte oder bringen könnte, dann steht man meist da wie der Ochs vorm Berg und kratzt sich nachdenklich das Kinn. Warum tut der Kunde das? Man weiß es nicht. Und wenn es tatsächlich an der eigenen Gesprächskompetenz liegt, vergrault man den Kunden weiter, weil man nicht dahinterkommt, was genau man falsch macht. Der Kunde sagt es einem ja nicht offen ins Gesicht! Es sei denn, man fragt ihn. Dazu ist die Feedback-Frage da:

«Frau Müller, ganz zum Schluss noch eine Frage, und ich bitte um eine offene, ehrliche Antwort: Wie zufrieden sind Sie mit meiner Beratung?»
«Lieber Herr Meier, wir haben jetzt lange über … geredet. Lassen Sie mich zum Schluss noch eine Frage stellen. Und bitte, schonen Sie mich nicht. Ich möchte dazulernen. Das ist mir wichtig. Also: Was war gut an meiner Beratung, was muss ich verbessern?»
Alte Verkaufshasen differenzieren diese Frage sehr geschickt, weil sie wissen, dass der Eindruck des Kunden vom Service nicht allein von ihrer Person abhängt: «Wie sind Sie mit meiner Beratung zufrieden, und wie zufrieden sind Sie mit dem Service meiner Firma?» «Was kann ich, was kann meine Firma noch besser machen?» «Was wünschen Sie sich von mir, was von meinem Unternehmen?»

Egon stellt diese Fragen nicht. Aus guten Gründen, die er wie an der Perlenschnur aufgereiht aufsagen kann: «Ich will dem Kunden nach der langen Beratung nicht auch noch damit seine Zeit stehlen!» Völlig richtig. Diese Feedback-Frage kostet Zeit. Auch «ran!» (wegen der Geschlechterberücksichtigung: „Mona Lisa“) anzusehen kostet Zeit. Seltsamerweise tun das pro Sendung Millionen Menschen. Also muss sich die Zeit offensichtlich lohnen. Egon sieht dagegen nur den Zeitaufwand, nicht den Ertrag. Die Zeit für die Feedback-Frage lohnt sich für jeden Verkäufer. Selbst wenn der Kunde nur einen schwachen Hinweis gibt, ist dieser meist Gold wert. Denn so, wie der Kunde einen sieht, sieht eben nur der Kunde den Verkäufer. Und nur er weiß, wie der Verkäufer rüberkommt. Und noch viel mehr lohnt sich die Frage für den Kunden: Er sieht, dass es dem Verkäufer ernst ist. Und das steigert den Rapport. Was wiederum dem Verkäufer nützt.
«Und überhaupt: Wer sagt darauf schon die Wahrheit? Da kommt doch nur Wischiwaschizeug raus, mit dem ich nichts anfangen kann!» Aber sicher doch. Sieben von zehn Kunden werden höflich Belangloses antworten: «Ja ja, ganz zufrieden,

ganz ordentlich machen Sie das.» Drei von zehn Kunden werden exakte, scharf beobachtete und überraschende Punkte ansprechen, die in der Folgezeit Ihren Umsatz entscheidend steigern werden. Denn es überrascht selbst alte Verkaufshasen immer wieder,

- dass der Kunde Punkte der Gesprächsführung als besonders stark und nützlich empfindet, die der Verkäufer bislang eher nebensächlich fand. Sobald man das weiß, kann man diese Stärken in den nächsten Gesprächen stärker zur Geltung bringen.
- welche Dinge der Kunde als negativ empfindet, von deren Nützlichkeit man bislang felsenfest überzeugt war.

Es bleibt jedem Verkäufer unbenommen, die Feedback-Frage nicht zu stellen. Manchmal hat man einfach einen schlechten Tag, manchmal einen schwierigen Kunden, manchmal hat der Kunde schon im Gespräch gesagt: «Nun lassen Sie doch die Fremdwörter weg!» Dann lässt man die Feedback-Frage eben weg. Sie jedoch mit den eben zitierten Begründungen wegzulassen, demonstriert nur eines: Egon ist rapportunfähig. Er kann noch so viel über Clienting und Beziehungspflege reden – er beherrscht sie nicht. Denn mit diesen Einstellungen im Kopf – «ich weiß es selbst am besten», «Kunde hat keine Ahnung» – zeigt man dem Kunden unbewusst, nonverbal und deutlich: Ich Tarzan, du blöder Affe. Wir sehen hier die bereits erwähnte Allgegenwärtigen von P, der Persönlichkeit (s. Kapitel 2): Wenn die P-Faktoren nicht stimmen, kann man auch keine richtige U-Phase durchziehen.
Kim dagegen hat ihre eigenen Charakterzüge so trainiert, dass sie die Feedback-Frage aushalten kann: «Es schmeckt mir auch nicht, wenn eine Kundin mir sagt, dass mein Halstuch zu laut ist. Da muss frau hart im Nehmen sein.» Aber ein guter Verkäufer ist das. Deshalb heißt es ja auch: Feedback is *breakfast for champions.* Feedback ist Frühstück für Sieger. Kim hat dabei einen leichten Vorteil. Sie ist eine Frau. Sie weiß, dass jene Dinge (zum Beispiel Kleidung), die man

besonders an sich mag, andere manchmal total bescheuert finden. Eigen- und Fremdbild divergieren immer. Und es gibt nur einen, der diese Divergenz letztgültig klären kann: der andere.

Natürlich kommt es darauf an, wie man Feedback einholt: «Na, was halten Sie denn von mir?» Da kann man sich die Antwort schon ausrechnen. Man fällt nicht mit der Tür ins Haus. Man bereitet den Kunden schonend darauf vor, lässt ihn geistig warmlaufen, fängt seine Befürchtungen auf:

«Ich habe mir wirklich alle Mühe gegeben, damit wir für Sie das Richtige finden. Aber ich bin fest davon überzeugt, dass ich dabei diesen oder jenen Fehler gemacht habe. Dinge gesagt habe, die Ihnen sauer aufstießen. Unklar geredet habe. Oder was auch immer. Deshalb: Sagen Sies mir. Ganz ehrlich, bitte. Denn ich möchte aus meinen Fehlern lernen. Also ehrlich, bitte: Was gefiel Ihnen nicht?»

Da ist so gut wie jede Befürchtung abgepuffert, die ein Kunde haben könnte. Wenn der Kunde dagegen für sein offenes Wort und seine burschikose Art bekannt ist, muss man nicht so vorsichtig sein: «Herr Meier, bitte eines Ihrer berühmten offenen Worte: Wie war ich heute?»

Natürlich hat vor der Antwort auf die F-Frage jeder Verkäufer Bammel. Niemand findet seine Fehler gut. Aber in diesen sauren Apfel muss man beißen. Kim sagt: «Der beste Verkaufstrainer ist der Kunde. Nicht jeder Kunde, aber immer wieder der eine oder andere.» Außerdem hat sich Kim im Gegensatz zu vielen ihrer KollegInnen einen wesentlichen Marketing-Grundsatz zu Eigen gemacht: Der Wurm muss nicht dem Angler schmecken, sondern dem Fisch. Es kommt nicht auf meine guten Absichten an, sondern darauf, wie sie der Kunde wahrnimmt. Das Einzige, was im Verkauf zählt, ist die Wirkung. Und über diese entscheidet der Kunde. Diese simple Erkenntnis ist unendlich schwer zu akzeptieren. Kim zum Beispiel fährt zu einem bestimmten Kunden immer mit ihrem alten Polo, seit dieser über «die Wahnsinnsgehälter der Versicherungsvertreter in ihren fetten BMWs» gelästert hat.

Als Kim ihren klapprigen Polo beim Kaffee schmunzelnd erwähnt, zieht Egon erstaunt die Braue hoch: «Wieso? So ein BMW macht doch was her! Ich dachte immer, man muss beim Kunden einen guten Eindruck machen. Wieso honoriert er das nicht?» Das ist nicht die Frage! Er honoriert es nicht – basta. Entweder akzeptiert man das oder man trägt die Konsequenzen.

Warum tun wirs dann nicht?

Nichts, was Sie in diesem Kapitel gelesen haben, wird Ihnen neu sein. Bedarf abklären, Fragen stellen, auf die eigene Wirkung achten … Das saugt der Verkäufer bereits mit der Muttermilch auf. Und trotzdem führen keine zwanzig Prozent aller Verkäufer und Berater eine saubere Untersuchungsphase durch. Legendär sind die Untersuchungen der Stiftung Warentest bei Banken und Versicherungen in den achtziger und Anfang der neunziger Jahre. Zwei Branchen, die vom komplexen Verkauf und intensiver Beratung geprägt sind. Zwei Branchen also, in denen man eine aufwändige und vorbildliche Untersuchungsphase vermuten würde. Das Gegenteil war (ist leider immer noch) der Fall. Es wird nicht untersucht, es werden Produktschubladen aufgezogen und der Kunde wird hineingeworfen. Häuslebauer verlieren zehntausende Euro, weil sie wegen schlampiger Analysen die falsche Finanzierung aufgebrummt bekommen. Achtzig Prozent der Deutschen sind total überversichert. Warum?
Man kann das nicht mehr damit erklären, dass der deutsche Verkäufer ungeschickt fragt oder den Reifegrad seines Kunden nicht richtig einschätzen kann. Doch die Technik ist nie der entscheidende Punkt, sondern die Einstellung (eben wieder P wie Persönlichkeit): Im Grunde ist der Kunde piepegal. Der Verkäufer ist fachkompetent, der Verkäufer weiß Bescheid, der Verkäufer hat die Lösung – also ist es doch nur logisch, dass der Verkäufer dem Kunden sagt, wo's

langgeht und nicht erst lange dumm rumfragen muss! Diese Allmachtsillusion teilen Verkäufer mit Ärzten, Unternehmensberatern und Uni-Professoren. Diese Berufsstände werden so lange schon als Hüter des Heiligen Grals verehrt, dass sie bereits selber daran glauben: Ich weiß alles (besser)!

Es gibt sogar Patienten, die den Arzt wechseln, weil «der fragt mich immer so viel! Der andere fragt nicht, der verschreibt gleich.» Verkäufer, die nicht fragen, sondern gleich «verschreiben», sollten sich in einer ruhigen Minute mal auf Symptome von starker Egozentrik und Merkmalsorientierung untersuchen. Verkäufer, die zu wenig untersuchen, leiden daran meist ganz unbewusst. Sie sind – zu Recht, natürlich – von ihrer Fachkompetenz überzeugt. Sie sehen ganz deutlich die Produktvorteile. Aber sie sehen nicht, dass beides sie nur vom Kunden entfernt.
Wenn man Verkäufer wie Kim (die es tatsächlich gibt, Menschen wie sie könnte man gar nicht erfinden) betrachtet, die sich in der Untersuchungsphase ins Zeug legen und den Bedarf des Kunden bis aufs i-Tüpfelchen genau treffen, dann fallen an diesen die exakt entgegengesetzten Persönlichkeitseigenschaften auf: Sie sind alle nicht egozentriert, sondern sehr außenorientiert. Sie wissen zwar, dass sie fachkompetent sind, wissen aber noch vielmehr, dass zuerst der Kunde, dann das Fachwissen kommt. Und sie sind nicht merkmals-, sondern nutzenorientiert. Sie rattern nicht die auswendig gelernten Produktmerkmale runter, weil sie wissen, dass ein Produktmerkmal nichts nützt, solange es nicht mit einem Kundennutzen verbunden wird (s. Kapitel 5).
Verkäufer, die schwach in der U-Phase sind,
- sind meist innenorientiert, ich-bezogen;
- sind stark feature- und merkmalsorientiert.

Verkäufer, die stark in der U-Phase sind,
- sind außen-, also kundenorientiert;
- sind nutzenorientiert.

Was will der Kunde wirklich?
Wo steckt hinter welchem Produktvorteil welcher Nutzen?
Wenn man sich ständig selbst auf Kundenwirkung beobachtet und sich diese Fragen nur oft genug stellt, werden sie irgendwann zur zweiten Natur: Sie werden in die Persönlichkeit integriert. Und ab da verkauft man quasi automatisch, instinktiv, unbewusst und mühelos erfolgreich.

«Zum Bankgespräch nehme ich mein Fremdwortlexikon mit.»
Bankkunde

Niemand braucht einen Hammer. Aber manche brauchen einen Nagel in der Wand.
Verkaufssprichwort

N wie Nutzenargumentation

Fachkompetenz verhindert Umsatz

Die in den Augen der meisten Verkäufer wichtigste Phase des Beratungs- oder Verkaufsgesprächs ist die Argumentation: Der Verkäufer versucht, den Kunden von seinem Produkt, seiner Dienstleistung oder Problemlösung zu überzeugen. Jetzt bringt der Verkäufer seine ganze Fachkompetenz zum Einsatz – leider. Denn Fachkompetenz behindert den Verkaufserfolg.
Fachkompetenz verhindert Umsatz? Das haben wir aber anders gelernt (und bislang praktiziert)! Mit dieser Aussage können Sie nicht einverstanden sein – als Verkäufer. Man muss doch seine Produkte und Dienstleistungen kennen, sonst kann man nicht(s) verkaufen. So denken Sie als Verkäufer. Wie denkt der Kunde in Ihnen? Erinnern Sie sich an Ihre Erlebnisse als Kunde beim Autokauf, bei Banken, Versicherungen, Einrichtungshäusern oder Handwerkern. Oder am besten: beim Computerkauf: «Mit den 6 Megabyte EDO-RAM können Sie die erhöhte Taktfrequenz des Pentium III voll ausnutzen.»
Dieser Verkäufer ist ganz offensichtlich atemberaubend fachkundig. Und wie fühlen Sie sich dabei als Kunde? Etwa gut beraten, voll informiert, in Ihrem Problem verstanden, in Ihrem Bedarf treffend erkannt, als Person respektiert? Aber im Gegenteil. Sie denken «Rede Deutsch mit mir!» und fühlen

sich wieder in die Schulzeit versetzt. Viele Kunden schlucken das Verkäuferkauderwelsch nicht länger stumm. Gerade EDV-Verkäufer berichten in letzter Zeit gehäuft, dass sie immer stärker unter den Anfeindungen der Kunden zu leiden haben. Viele schieben es auf die schlechte Konjunktur, die starke Konkurrenz, die Kunden, die immer pingeliger werden … Kaum einer kommt auf den Gedanken, dass es an der Argumentation liegen könnte.

Ein süddeutscher Radiosender lud anlässlich der CeBit die Pressesprecher der führenden PC-Hersteller zu einem Rededuell ein. Sie durften nach Herzenslust und so lange sie wollten, unbezahlte Werbung für ihre Produkte machen. Einzige Bedingung: Sobald ein unverständlicher Fachausdruck fiel, wurde mit einer Hupe unterbrochen und der Nächste durfte werben. Wenn einer der Pressesprecher sein Salz wert gewesen wäre, hätte er also für mehrere Millionen Mark kostenlose Werbezeit nutzen können. Keiner schaffte es länger als zehn Sekunden. Die Hupe hupte praktisch pausenlos. Als der Redakteur das Hupkonzert gnadenhalber abbrach und die Pressesprecher zur Rede stellte, herrschte Ratlosigkeit. Einer der Pressesprecher brachte es zerknirscht auf den Punkt: «Wir haben verlernt, uns in der Sprache des Kunden auszudrücken.»

Vor wenigen Jahren testete die Stiftung Warentest Finanzdienstleister, also Banken, Versicherungen, Finanzmakler und andere. Sie stellte fest, dass selbst in den besten Banken die Kunden mit Fachbegriffen wie Zero-Bond, Blue Chips, Put and Call, Bull, Bear und was sonst noch zugeschüttet wurden, dass 95 Prozent der Kunden die Begriffe nicht verstanden, aber zu schüchtern oder zu höflich waren, dies zu monieren, und dass viele «Berater» die Begriffe obendrein falsch verwendeten.

Oder die Telefonbranche. Call-by-Call, Preselection, City-Tarif … Dieses Neuhochdeutsch war derart verkaufsschädigend, dass zum Beispiel die Telekom Anfang 1999 die meisten der Fremdwörter wieder aus ihren Unterlagen herausstrich:

«Das verstehen ja viele von unseren Fachleuten nicht mal», sagte ein Monteur.

Das Verkäuferkauderwelsch ist kein isoliertes Phänomen der PC-, Telekommunikations- oder Finanzbranche. Versuchen Sie mal, ein Freizeitprodukt, zum Beispiel ein Mountainbike zu kaufen: Grip-Shift, Ersatzritzel, Entfaltung, Step-in – ohne Englischdiplom und Maschinenbau-Studium kommen Sie da nicht weit. Und kein Verkäufer erklärt uns die Begriffe so, dass wir sie verstehen können: «Grip-Shift ist die neue, revolutionäre Art, ergonomisch und bewegungsarm zu schalten. Mit Welt-Patent!» Wie bitte? «Ach was», sagt der Bekannte, der uns zum Kauf begleitet, «Grip-Shift bedeutet einfach: Man schaltet mit der Lenkstange. Grip: also da, wo du greifst.» Inzwischen empfehlen Branchenzeitschriften im Snowboard- und Inline-Bereich bereits, zum Kauf einen erfahrenen Bekannten oder Kollegen mitzunehmen, weil die jungen Verkäufer die Marketingsprüche der Hersteller doch tatsächlich für die deutsche Übersetzung der Fremdwörter halten.

Sind die Verkäufer wirklich so blöd? Nein, natürlich nicht. Natürlich merkt jeder Verkäufer, wenn er ein Fremdwort benutzt. Es ist auch keineswegs so, dass er sich dabei nichts denkt. Er denkt lediglich das Falsche. Darin liegt die Gefahr.

Der Verkäufer

- glaubt, dass der Fachbegriff eine komplexe Sache auf den Punkt bringt. Der Kunde dagegen nimmt den Begriff ganz anders wahr: «Warum kompliziert, wenn es auch einfach geht?»
- denkt, dass er mit seiner Fachsprache den Kunden berät, doch dieser fühlt sich belehrt.
- ist so stolz auf das neue Produktmerkmal mit seinem flotten englischen Namen, dass für ihn die Verständlichkeit erst an zweiter Stelle kommt.
- denkt, dass er den Kunden informiert, doch der fühlt sich desinformiert: «Verstehe ich nicht. Der will mir was verheimlichen, deshalb redet er so komisch.»

- denkt, dass der Kunde ihn für einen Fachmann hält, doch dieser hält ihn für einen Angeber und Oberlehrer.

Wenn wir selbst Kunde sind, fällt uns das Fachlatein und Marketing-Chinesisch sofort unangenehm auf. Warum verwenden wir als Verkäufer dann trotzdem täglich diesen Sprachmüll?

- Weil wir den Müll gar nicht sehen. Wir verstehen ja die Fachausdrücke. Dass sie der Kunde nicht versteht, verstehen wir nicht. *Werfen Sie den Sprachmüll raus* (s. u., Checkliste, Seite 128).
- Weil sich uns die Frage nach der Verständlichkeit nicht stellt. Wir sind auf unseren Auftrag fixiert, auf die Produktmerkmale und die Gesprächstaktik – nicht auf die Verständlichkeit. Spitzenverkäufer verkaufen im Zweikanal-Ton: Sie argumentieren und fragen sich gleichzeitig ständig, wie das Gesprochene wohl beim Kunden ankommt: Sein Mienenspiel, seine Körpersprache, seine Einwände verraten es.
- Weil man sich mit Fachlatein beim Kunden Respekt verschafft. *Verschaffen Sie sich mit der Brillanz Ihrer Problemlösung Respekt, nicht mit hohlen Phrasen.*
- Weil die Prospekte und internen Produktunterlagen voll von diesem hochgestochenen Werberlatein sind. Also plappert man es nach. *Vergessen Sie nie: Die Werber im zentralen Marketing-Stab oder (schlimmer) in der teuren Agentur haben keine Ahnung vom Verkaufen.* Die kennen Kunden nur vom Hörensagen. Sie verkaufen nicht, sie machen Werbung; sie glauben aber, dass es zwischen beidem keinen Unterschied gibt. Plappern Sie nicht unkritisch nach, was Ihnen die Verkaufsunterlagen vorsetzen.
- Weil selbst Spitzenverkäufer vor Kundengesprächen nervös sind. Man sucht verkrampft nach Dingen, an denen man sich festhalten kann: Fachjargon. *Es gibt bessere Methoden, die Unsicherheit eines Gesprächs zu bewältigen.*

Zum Beispiel eine tiefe U-Phase (s. Kapitel 4). Danach weiß man genau, was der Kunde will.
- Weil man dem verbreiteten Irrtum aufsitzt: Fachlatein = Fachkompetenz. Es ist gerade umgekehrt: *Je weniger Fachlatein ein Verkäufer benutzt, desto fachkompetenter wird er von Kunden eingeschätzt:* «Der kann das gut erklären.»

Es ist nicht leicht, seine Verkaufssprache vom Sprachmüll zu befreien. Es ist ja noch nicht einmal leicht, die Notwendigkeit dazu nachzuvollziehen. Vor allem, wenn die Verkaufsunterlagen und der Umgangston innerhalb der Verkaufsmannschaft nur so davon strotzen. Die Frage ist jedoch:
- Wollen Sie von Ihren Kollegen verstanden werden oder von Ihren Kunden?
- Wollen Sie vor dem Kunden als Oberlehrer dastehen oder doch lieber verkaufen?
- Wollen Sie mit Fachchinesisch glänzen oder wollen Sie, dass der Kunde versteht, was Sie sagen?

Falls Sie sich für jeweils Letzteres entscheiden: Am Ende des Kapitels kippen wir den Sprachmüll aus dem Verkauf.

Die KISS-Argumentation

Egons erstes Argumentationsgebot lautet: «Fachkompetenz überzeugt!» Kims erstes Gebot lautet: «Du sollst deinen Kunden nicht langweilen.» Während Egon lang und breit, tief und detailliert über seine Produkte berichtet, hält sich Kim an KISS: Keep it short and simple. Oder wie ein Verkaufsleiter einmal zornig zu einem etwas hochtrabend argumentierenden Verkäufer sagte: «Keep it simple, stupid!» Nicht nett, aber ein nettes Wortspiel. Der Kunde hat seine Zeit nicht gestohlen. Also sollte sie ihm auch der Verkäufer nicht stehlen. Kim fasst sich kurz. In der Kürze liegt die Würze. Eben KISS:

short: Kim fasst sich so kurz wie möglich, aber so lange wie nötig. Sie beschränkt sich aufs Wesentliche, und das Wesentliche sind nicht die Produktmerkmale, sondern der Kundenbedarf. Sie zählt nur jene Produktmerkmale auf, die sie in direkten Zusammenhang zum Kundenbedarf setzen kann. Egon zählt auch jene auf, die auf die konkrete Situation überhaupt nicht passen. Weil er nicht an die konkrete Situation denkt, er denkt an die Merkmale seines Produktes.

simple: Kim drückt sich verständlich aus und verzichtet also weitgehend auf Fachjargon, Allerweltsfloskeln, Marketingmüll, Abkürzungen, Spezialbegriffe und Fachchinesisch. Es sei denn, der Kunde kennt und benützt diese Begriffe selbst.

Egon ist skeptisch, was KISS anlangt: «Aber wenn ich mich kurz fasse, dann verzichte ich doch auf Verkaufsargumente! Der Kunde erfährt doch gar nicht, was ich ihm alles zu bieten habe!» Und das ist gut so. Denn das interessiert ihn gar nicht. Der Kunde hat kein Interesse am Produkt. Er hat Interesse an dessen Verwendung. Er will keinen doppelgehärteten Werkzeugstahlhammer mit hochdruckgedrechseltem, ergonomischem Eichenschaft (garantiert 200 Jahre alte Eiche!). Er will einen Nagel in der Wand. Er will nicht wissen, was das Produkt alles kann (Produktmerkmale), er will wissen, was es ihm bringt (Nutzen).

Es gibt viele Produktmerkmale, aber nur wenige Nutzen. Egon ballert mit seiner Schrotflinte zwanzig Produktmerkmale ab und hofft, dass irgendeines schon treffen wird. Kim hat ein Präzisionsgewehr: Jede Kugel trifft, nämlich den Nutzen. Deshalb muss sie auch nur wenige Argumente anbringen: Sie zielt von vorneherein ins Schwarze, anstatt ins Blaue zu reden. Kim muss viel weniger argumentieren, um einen Auftrag zu bekommen, weil sie die besseren Argumente hat. Woher hat sie diese? Nicht von irgendeinem Super-Seminar für Spitzenverkäufer. Sie hat sie vom Kunden selbst.

Kim hat nämlich eine relativ gründliche Untersuchungsphase hinter sich (s. Kapitel 4). Sie hat den Kunden gefragt, wozu er das Produkt braucht, was er davon erwartet, was auf keinen Fall passieren darf … und noch ein Dutzend anderer Dinge. Sie hat dazu sieben Minuten gebraucht. Egon hat in zwei Minuten die grobe Bedarfslage ermittelt. Egon kann überhaupt nicht überzeugend argumentieren, weil er nicht genau weiß, was der Kunde eigentlich will. Und das merkt man an jedem einzelnen Verkaufsargument:

Egon: «Das ist unsere spezielle Payback-Regelung, die uns von allen anderen Anbietern unterscheidet.» So so, hmh.

Kim: «Sie sagten vorhin, dass Sie als freier Architekt stark schwankende Einkünfte hätten und dass es Sie stört, so lange mit Schulden leben zu müssen. Richtig? Wenn Sie also einen Großauftrag an Land ziehen, wäre es dann nicht schön, wenn Sie viel mehr als die vereinbarte Monatsrate zurückzahlen könnten? Dann wären Sie schon viel früher, vielleicht sogar Jahre früher schuldenfrei! Sehen Sie, genau das erlaubt unsere Payback- also unsere Rückzahlungsregelung.» Welche Argumentation überzeugt?

Egon kann gar nicht auf diese Weise argumentieren, weil seine U-Phase zu oberflächlich war. Die stark schwankenden Geldströme ahnt er zwar als guter Berater, sobald er «Selbstständiger» hört. Aber das Bauchweh des Kunden vor dem jahrelangen Schuldenstand hat er irgendwie nicht mitbekommen (zu schnell durch die U-Phase gehechelt, zu wenig gefragt, zu wenig zugehört). Egon hat die schlechteren Argumente, weil er die schlechtere U-Phase hatte. Diesen Zusammenhang vergessen viele Verkäufer. Sie denken, wenn ein Verkäufer schlecht argumentiert, kann man das mit Rhetorik, Gesprächsführung, Verkaufstechnik oder Sprachtricks beheben.

Der Merkmalreflex

Egon hat, wie gesagt, eine viel kürzere U-Phase als Kim. Er weiß zu wenig über den Kunden, um von dessen Bedarfslage her argumentieren zu können. Er ist dazu verdammt, vom Produkt her zu argumentieren: «Das sind die Merkmale und Vorteile.» Kim argumentiert vom Kunden her: «Das wünschen Sie sich und das können wir für diesen speziellen Wunsch tun.» Noch größer wird die Umsatzbehinderung durch Egons Argumentationsstrategie, wenn der Kunde während der Argumentation eine Nutzenerwartung anmeldet. Dann könnte man das Gespräch auch gleich abbrechen. Ein Beispiel dazu.

Im Autohaus. Eine hoch gewachsene junge Dame setzt sich in ein Modell und lamentiert: «Auto für Liliputaner! Da stoße ich ja oben an!»
Der Verkäufer behandelt den Einwand prompt: «Kann nicht sein. Das Modell ist auf einsneunundachtzig Körpergröße ausgelegt.»
Nach dieser Holzhammer-Einwandsbehandlung (kann nicht sein = du bist ein dummer Kunde) kommt es zur üblichen Einwandsspirale (s. Kapitel 6). Die Interessentin lässt die implizite Beschimpfung nicht auf sich sitzen: «Wie sitzen die Testsitzer dann drin? Mit eingerolltem Rückgrat?»
Und so geht das eine Weile höflich keifend hin und her. Schließlich gibt, wohlgemerkt, die Interessentin nach. Sie ist demnach wohl die Klügere. Welche Schulung sie wohl besucht hat? Denn irgendwann wird sie sachlich: «Kann man die Sitze nicht heben und senken?»
«Haben Sie denn die Nackenstütze überhaupt richtig eingestellt? Und haben Sie schon die verstellbare Lenksäule bemerkt?»
Haben Sies bemerkt? Der Verkäufer zögert keinen Augenblick. Er zögert keinen Augenblick, um die stillschweigende Kundenfrage (wie passe ich da besser rein? = Nutzen) *nicht* zu beantworten. Stattdessen greift er automatisch, intuitiv und

ganz reflexhaft zum nächstbesten Produktmerkmal, das ihm einfällt: Nackenstütze, Lenksäule. Das geht so schnell, dass der Verkäufer das nicht mal selbst bewusst bemerkt. Es ist wie der Kniesehnenreflex: Man möchte das nicht, aber, schwups, ists schon passiert.

Der Kunde äußert eine Nutzenfrage, erhält aber keine Nutzenantwort, sondern sofort eine Merkmalsantwort: Der Merkmalreflex hat zugeschlagen. Was hat die Lenksäule damit zu tun, dass die Interessentin für alle Umstehenden sichtbar am Autodach anstößt? Nichts. Deshalb ist die Lenksäule kein Nutzen (= Antwort auf geäußerten Bedarf), sondern ganz einfach ein Produktmerkmal, das die Interessentin in diesem Augenblick überhaupt nicht interessiert. Und mit diesem nutzlosen Merkmalsballast belastet der Verkäufer sein Beratungsgespräch.

Egal, wo Sie als Kunde unterwegs sind, Sie können den Merkmalreflex überall beobachten. Stellen Sie einem Verkäufer irgendeine Frage und er rattert sofort die ganze Liste der «Produktmerkmale und Verkaufsvorteile» herunter. Egal, ob das Ihre Frage beantwortet oder nicht (meistens beantwortet es sie nicht). Daher kommt das Vorurteil gegenüber Verkäufern: «Der kann mir keine klare Antwort geben. Der will mir was verkaufen.» Das stimmt einfach nicht. Der Verkäufer kann genauso wenig für den Merkmalreflex wie der Kunde für seinen Kniesehnenreflex: nichts. Der Verkäufer wurde einfach falsch gebrieft, gecoacht und trainiert. Er hat die Merkmalliste für jedes Modell mühsam auswendig gelernt, um «gut vorbereitet» zu sein. Diese Fehlerziehung der Verkäufer geht so weit, dass viele noch nicht einmal den Unterschied zwischen Produktmerkmal (das, was der Verkäufer auswendig lernen muss) und Kundennutzen (das, was der Kunde erkennbar braucht) kennen:

- *Produktmerkmale* sind Daten, Fakten, Produkteigenschaften. Zum Beispiel: «verstellbare Lenksäule».
- *Produktvorteile* zeigen, wie das Produkt oder die Dienstleistung angewandt werden oder dem Kunden helfen können: «Damit vermeiden Sie Verspannungen im Nackenbereich.»

- *Kundennutzen* zeigen, wie das Produkt oder die Dienstleistung den ex- oder implizit vom Kunden geäußerten Bedarf abdecken. In unserem Fall war der klar geäußerte Bedarf: «Ich möchte nicht am Dach anstoßen!» Also kann der Nutzen nur lauten: «Unser Ergo-Modell hat serienmäßig höhenverstellbare Sitze. Darf ich es Ihnen zeigen?»

Und jetzt der Witz: In den Verkäuferschulungen winken Verkäufer bei dieser Unterscheidung oft müde ab: «Kennen wir längst.» Begleitet man sie danach zum Kunden, sieht es etwas anders aus. Automatisch setzt der Merkmalreflex ein. Man braucht noch nicht einmal auf Kundenbesuch zu gehen. Man muss bloß fragen: «Nennen Sie mir doch einfach die drei herausragendsten Merkmale Ihres Produktes und die entsprechenden Nutzen dazu!» Übrigens, wie steht es mit Ihnen? Haben Sie die Antwort parat?

Mein Produkt:

....

Die herausragenden Merkmale	*Die entsprechenden Nutzen*
1.	
2.	
3.	
....	....
....	....
....	....
....	....

Haben Sie die Antworten? Dann sind sie leider falsch. Zugegeben, das war eine Fangfrage. Aber sie ist durchschaubar. Wie ein Seminarteilnehmer nach kurzem Überlegen etwas empört einwandte: «Wenn ich den Kunden nicht kenne, kann ich doch auch nicht sagen, was sein Nutzen ist!» Korrekt. Wenn Nutzen gleich Bedarfsbefriedigung ist, muss man erst mal den Bedarf kennen. Und der ist von Kunde zu Kunde verschieden. Es ist sogar denkbar, dass die obige Lenksäule bei der einen Kundin absolut deplatziert und beim anderen Kunden der perfekte Nutzen ist: «Mir schmerzt immer so der Nacken nach 200 km!»
«Tja, da brauchen Sie unsere verstellbare Lenksäule. Dann haben die Unterarme den richtigen Winkel und der Nacken wird entlastet.»

Nutzen statt Vorteile

Keine Frage: Wir sind auf Produktmerkmale und Verkaufsvorteile trainiert. Die wenigsten Verkaufsleiter und -trainer üben mit den Verkäufern, aus einem Produktvorteil für einen bestimmten Kunden einen Nutzen abzuleiten. Aber genau darauf kommt es an:

Die sieben Gebote der Nutzenargumentation

1. *Es zahlt sich nicht aus, Merkmale und Vorteile anzupreisen, wenn damit kein Nutzen verknüpft ist.* Es ist zwar toll, dass ich «frei verfügbar» (Kreditmerkmal) zurückzahlen kann – aber was heißt das für mich als Kunden (Nutzen)? «Wenn Ihnen Ihre Erbtante eine Million vermacht, müssen Sie nicht weiter zwanzig Jahre lang Ihre Hypothek abzahlen – Sie sind mit einem Tag schuldenfrei!» Das ist ein Nutzen.

2. *Merkmale und Vorteile sind schön und gut, aber nur der Nutzen verkauft.* Dass auch Verkäufer, die niemals mit Nutzen argumentieren, verkaufen, liegt nur daran, dass die Kunden sich mühsam ihren Nutzen aus den Argumenten des Verkäufers selbst ableiten: «Könnte ‹frei verfügbar› heißen, dass ich mich nicht an feste Monatsraten halten muss?»
3. *Ein Verkäufer, der zu den Merkmalen und Vorteilen den passenden Nutzen liefert, verkauft besser als einer, der nur mit Merkmalen und Vorteilen argumentiert.*
4. *Man kann den Nutzen nicht wie die Merkmale auswendig lernen, weil der Nutzen je nach Kunde und Situation verschieden ist.* Finden Sie heraus, was der Kunde will, und verknüpfen Sie es mit dem passenden Merkmal.
5. *Jedes Merkmal und jeder Verkaufsvorteil sind vergeudet, wenn Sie nicht den passenden Nutzen dazu finden.* Wenn Sie dem Kunden nicht sagen, was Flow-Rate (=Merkmal) für seinen Unternehmensgewinn (=Nutzen) bringt, hat er nichts davon.
6. *Wenn Sie vorher keine ausreichende Untersuchung gemacht haben, können Sie nicht wissen, welchen Nutzen Ihr Kunde anstrebt.* Deshalb argumentieren so viele Verkäufer so kundenfeindlich. Nicht weil sie kundenfeindlich sind, sondern weil sie schlicht zu wenig untersucht haben, was der Kunde überhaupt will (Faktoren der Bedarfslage).
7. *Wenns im Kopf nicht stimmt, kann man niemals nutzenorientiert argumentieren.* Egon zum Beispiel denkt: «Das Produkt spricht für sich!» Kim dagegen fragt: «Was will der Kunde eigentlich mit dem Produkt anfangen?» Welche Einstellung verkauft besser?

Damit keine Missverständnisse entstehen: Es ist nicht immer ein Fehler, im Beratungsgespräch Produkt- oder Dienstleistungsmerkmale aufzuzählen. Wenn Sie einen Kunden haben, der Ihre Merkmale sofort (und in Ihrem Sinne!) in seinen Nutzen übersetzen kann, oder wenn Sie auf diesen Kunden pfeifen können, dann können Sie gefahrlos den Nutzen vergessen. Auch gibt es eine Eigenschaft der Merkmalsaufzählung, die Ihnen nachher bei der Preisfrage sehr gelegen kommt: Produktmerkmale beeinflussen stark die Preisempfindlichkeit. Wenn Sie ein relativ anspruchsloses, Niedrigpreis- oder Me-too-Produkt mit einer langen Latte Merkmalen ausstatten (bei Aldi's Gebrauchsgütern schön zu beobachten), dann verkauft sich das besser. Der Kunde denkt: «So viel kann das Ding und ist doch so billig!»

Bei Hochpreisprodukten ist es eher umgekehrt: «Kein Wunder, dass das Ding so teuer ist. Bei all dem unnötigen Schnickschnack. Was kostet denn die sinnvoll abgespeckte Version?» Also setzen Sie Merkmalaufzählungen nur ein, wenn sie zum Produkt passen. Eines aber kann die Merkmalliste niemals ersetzen: die Nutzenansprache. Kommen Sie weg von den Produktmerkmalen und Verkaufsvorteilen. Konzentrieren Sie sich bei der Argumentation auf den Nutzen: Kein Argument ohne Nutzenanbindung! Setzen Sie jedes Ihrer Argumente in Zusammenhang zu einem erkannten Kundenbedarf oder -bedürfnis.

Egon hat das irgendwie noch nicht mitbekommen. Er verkauft noch nach der alten Schule: gerissen. Er setzt neben sein Hauptangebot eine Alternative: «Der Kunde soll das Gefühl haben, dass er wählen kann!» Also bietet er, um im Beispiel zu bleiben, der großen jungen Dame getönte Scheiben und ein Sonnendach an – ohne Aufpreis. Das gibt ihr zu denken. Sie denkt:

«Hmh, hört sich gut an. Soll ich das Schnäppchen nutzen und deshalb ständig mit Beule am Kopf durch die Welt fahren oder soll ich auf meinem ursprünglichen Bedürfnis beharren?»

Egon gibt zwar viel mehr Informationen als Kim. Aber er langweilt damit seinen Kunden. Weil dieser nicht danach gefragt hat. Egon redet am Kunden vorbei. Er redet viel, und viel geht daneben. Kim gibt nur jene Informationen, die den Kunden (nicht den Verkäufer in seinem Produktstolz) interessieren. Deshalb argumentiert sie besser, schneller und erfolgreicher.

Warum machts dann nicht jede(r)?

Da war zum Beispiel neulich der Verkäufer im Bekleidungsgeschäft, der mich völlig überraschte. Normalerweise geht der Dialog so: «Guten Tag, kann ich Ihnen helfen?» (Nein, helfen tun Pastoren und Ärzte, aber ein Jackett bräuchte ich.)
«Ich bräuchte ein Jackett.»
«Ja, wunderbar, dann folgen Sie mir doch mal, da habe ich genau das Richtige für Sie.» (Woher weiß der das? Er weiß doch noch nicht mal, ob ichs für eine Beerdigung oder eine Hochzeit brauche!)

Dieser Verkäufer aber überraschte mich. Er fragte mich nach dem Verwendungszweck, nach meinen Vorlieben, nach meiner üblichen Garderobe und kam zum Schluss zum Ergebnis: «Tut mir leid, dass ich Ihnen da nichts Passendes anbieten kann. Versuchen Sie es doch bei Meier an der Ecke, der ist genau der Richtige für Sie. Ich hoffe, dass ich das nächste Mal etwas für Sie habe.»
Das hatte er, mehrmals schon. Denn inzwischen bin ich Stammkunde. Weil ich mich gut beraten fühle. Beratung gehört auch zum Produkt (so, wie der Kunde das Produkt definiert).
Dieses Phänomen beobachten auch die Verkaufsleiter: «Verkäufer, die einfach nur ihr Merkmalsprogramm herunterspulen, egal, ob diese Merkmale auf die Bedarfslage des Kunden passen oder nicht, verkaufen auf Dauer deutlich weniger als die Kolleginnen und Kollegen, die es schaffen, Vorteile und Bedarfslage miteinander zu koppeln», sagt der Vertriebschef eines Herstellers für Sicherungsanlagen. Außerdem ist zu beobachten, dass bedarfsorientierte Verkäufer

- deutlich kürzere Beratungszeiten haben: Sie müssen keine zwanzig Merkmale herunterbeten, sie nennen die drei relevanten Nutzen und erreichen damit mehr. Außerdem müssen sie viel weniger Einwände behandeln.

- schneller und leichter Termine beim Kunden erhalten: «Stiehlt mir meine Zeit nicht!» Drei Nutzen sind schneller behandelt als zwanzig Merkmale. Außerdem hat der Kunde nicht den Eindruck, dass der Verkäufer über Dinge (Merkmale) redet, die ihn nicht interessieren.
- zufriedenere Kunden haben: «Spricht meine Probleme und nur meine Probleme an. Schweift nicht ab.» (Oder erzählt Episoden aus seinem Verkäuferleben, bei denen der Kunde denkt: Was hat das mit mir zu tun?)
- zufriedenere Kunden haben: «Verschont mich mit lästigem Fachlatein.»
- zufriedenere Kunden haben: «Erklärt auch die kompliziertesten Sachverhalte so, dass ich sie verstehen kann.»
- höhere Preise durchsetzen, selbst in extrem preisbewussten Branchen. Ein Hotelier sagt: «Ich zahle für dasselbe Bier zehn Mark mehr pro Liefereinheit als bei der Konkurrenz. Aber das ist mir der Karl (der Brauereivertreter) wert. Der berät mich besser als mein Steuerberater.»

Egon versteht das nicht: «Der zahlt zehn Mark mehr? Ist der bescheuert?» Nein, der kann rechnen. Der Kunde zahlt nicht nur das Produkt, sondern auch die Beratung. Aber Beratung heißt eben nicht: Merkmale herunterbeten. Im Gegenteil. Jene Verkäufer des Sicherungsanlagen-Vertriebsleiters, die Verkauf nach Merkmalliste machen, ernten von den Kunden unter der Hand oft folgende Beurteilungen: «Spult nur sein Programm ab. Ist wohl stärker an der Erfüllung seiner Sollvorgaben und an seiner Provision als an meinen Wünschen interessiert.»
«Geht nicht in ausreichendem Maß auf meine Bedürfnisse ein.»
Warum nicht? Weil es sehr viel einfacher ist, zwanzig Produktmerkmale herunterzubeten als herauszubekommen, was der Kunde eigentlich will. Wer zwanzig Merkmale herunterrattert, ist ein Verkäufer. Wer eines dieser Merkmale in Zusammenhang zum Bedarf setzt, ist ein Berater. Berater sind nicht nur erfolgreicher, sie haben auch mehr Spaß bei der Arbeit.

Konkret: verständlich verkaufen

Wenn Sie wirklich nutzenorientiert und verständlich verkaufen wollen, müssen Sie zunächst den ganzen Sprachmüll loswerden. Beispiel aus der Holzbearbeitung: «Guten Tag, ich brauche eine stationäre Kreissäge.»
«Schön, da hätten wir unsere Professionell-Class und unsere Range-Class.»
Der Kunde versteht nur Bahnhof. Der Verkäufer eigentlich auch. Wenn er erklären muss, was der Unterschied zwischen beiden Modellreihen ist, wird er unsicher: Ist die Abgrenzung nur nach Leistungsumfang? Nach Zielgruppen? Nach Verwendungszweck? In den Unterlagen steht das nicht. Da werden lediglich die einzelnen Modelle vorgestellt. Deshalb verwendet der Verkäufer weiter den Sprachmüll. Es ist bequemer.

Checkliste: Werfen Sie den Sprachmüll raus!

- Wie fachkompetent ist der Kunde? Welche Fachausdrücke versteht, erwartet, benutzt er selbst? Was kann er nach Ihrer Einschätzung gar nicht verstehen?
- Welche Begriffe sind so wohlklingend nichts sagend, dass sie Ihren Verkauf nur behindern?
- Was können Sie weglassen, was sollten Sie durch ein verständliches Synonym ersetzen, was müssen Sie in einem Nachsatz erklären?

Normalverkäufer setzen die vorgegebenen Verkaufsunterlagen und Worthülsen unkritisch ein. Spitzenverkäufer sind dagegen Rebellen im Auftrag des Kunden: Sie verweigern sich dem verordneten Sprachmüll aus den Verkaufsunterlagen. Sie weigern sich, «Cost of ownership» zu sagen. Auch wenn das im neuesten Prospekt der Marketingabteilung steht. Sie sagen weiterhin Unterhaltskosten dazu. Spitzenverkäufer sind darüber hinaus Dolmetscher für den Kunden. Sie übersetzen das Werbechinesisch ihrer eigenen verkaufsunterstützenden Abteilungen: «Range-Class heißt ganz einfach: für kleinere Betriebe geeignet. Wie viel Kubikmeter gehen denn täglich durch Ihren Holzzuschnitt? So viel? Dann brauchen Sie eine Maschine der Professional-Class.» Damit weiß der Kunde auch, was der Begriff bedeutet.

Natürlich macht das Ausmisten von Sprachmüll Arbeit. Aber es bringt auch Ertrag: Werner Stefen ist Berater eines Software-Hauses: «Ich habe mich mal hingesetzt und sämtliche Fremdwörter meiner Argumentation aufgeschrieben, die auch ein PC-erfahrener Kunde nicht unbedingt kennen muss. Es waren über dreißig, Spezialprodukte nicht eingerechnet.» Er hat sich für jedes Fremdwort eine Übersetzung einfallen lassen. Zeitaufwand: eine Stunde. Ertrag: «Die echten technischen Laien unter unseren Kunden verlangen jetzt immer öfter mich als Berater. Das spricht sich herum: Der Stefen redet deutsch, der kann dir alles erklären.» Stefen verdient entsprechend.

Unterstützung findet Stefen bei seinem KISS-Verkauf nicht. Im Gegenteil. Der Marketing-Stab ist sauer auf ihn: Er verwendet seine nichts sagenden Leerformeln nicht. Auch sein Chef unterstützt ihn nicht. Der Chef benutzt selbst ständig diese Fremdwörter, «von denen er ein Drittel falsch verwendet, weil er sie selbst nicht versteht». Es ist schön, wenn Ihr Umfeld Sie unterstützt. Aber rechnen Sie nicht damit. Wenn Sie überdurchschnittlich verkaufen wollen, müssen Sie den Durchschnitt hinter sich lassen. Manchmal gehört dazu auch Ihr Innendienst, das Marketing, Ihr Chef und achtzig Prozent Ihrer Kollegen.

Kim hat mehr Glück. Ihr Chef hat das Hupenexperiment des Radiosenders (s.o.) miterlebt und einen Nachmittag lang nachgespielt. Kim sagt: «Wir haben (fast) alle herzlich gelacht.» Jeder Verkäufer sollte zwei Minuten für ein bestimmtes

Produkt und gegenüber einer bestimmten Zielgruppe (wegen des Nutzens) argumentieren. Jedes unerklärte oder überflüssige Fremdwort wurde behupt. «Es hupte ständig.» Der Chef selbst kam keine zwanzig Sekunden weit. Er lachte am herzlichsten. Am Ende verteilte er kleine Hupen an alle Verkäufer. Jetzt wird sogar gehupt, wenn einer Kauderwelsch am Kaffeetisch redet. Manche behupen sich selbst beim Kunden. Kim: «Kommt gut an, bei den richtigen Kunden.» Kims Chef ist eine Ausnahme unter den Verkaufsleitern; er versteht sich nicht nur als Oberverwalter, sondern auch als erster Trainer und Coach seiner Mannschaft.
Warum macht mans falsch, wenn mans doch besser weiß? Weil Einstellungen schwerer wiegen als Wissen. Das haben wir bereits an der Persönlichkeitspyramide in Kapitel «*P*» (Seite 31f) gesehen: Es nützt nichts, dass man weiß, wie's geht, wenn einem der verletzte Stolz einen Strich durch die Rechnung macht: Dann holt man wieder ein Fachwort aus dem Rucksack und brät dem Kunden eins über. Je unsicherer wir im Gespräch werden, je heftiger wir uns über den Kunden aufregen, desto stärker flüchten wir in Fachjargon und Merkmalaufzählungen. Das gibt Sicherheit. Leider bringt es keinen Verkaufserfolg. Deshalb sollten wir gegensteuern, bevor uns die P-Faktoren einen Strich durch die Rechnung machen. Das passende Instrument dazu kennen Sie (s. Kapitel «*P* wie Persönlichkeit», Seite 30):

Der P-Check zum Sprachmüll

- Wie fühle ich mich gerade? «Mies, der Kunde regt mich auf.»
  Was sagt meine innere Stimme? «Hau ihm ein paar Fachausdrücke um die Ohren, dann pariert er wieder.»
- Welche Teile der Realität sehe ich nicht mehr? «Die Verständlichkeit meiner Argumentation.»

- Und wie rede und verhalte ich mich als Folge meiner (verzerrten) Wahrnehmung? «Ich halte ihm gleich eine Predigt.»
- Wie könnte ich die Situation stattdessen wahrnehmen? Was ist die bessere Einstellung? Welche Teile der Realität sollte ich wieder einblenden? Was sollte mir meine innere Stimme vorsagen? «Schieß dir kein Eigentor. Sei geduldig mit ihm. Gerade dann, wenn er es am nötigsten hat. Stell nochmals ein, zwei Fragen zu U. Vielleicht hast du einen Bedarfsaspekt übersehen.»

Wenn wir etwas besser wissen und doch schlechter machen, liegt es immer an den P-Faktoren. Machen Sie den P-Check. Je höher Ihre Qualifikation ist, desto eher werden Sie dabei bemerken, dass der Gebrauch von Sprachmüll weit über die innere Einstellung hinaus verankert ist. Insbesondere studierte Leute wie Ingenieure, Chemiker oder auch Techniker scheinen sich wenig um das Interesse des Kunden zu kümmern: Sie reden munter fachchinesisch. Warum? Weil Deutsch für sie Identitätsverlust bedeuten würde. Sie brauchen den Slang. Stellen Sie sich zwei Computer-Freaks vor, wie sie ihren neuesten Computer diskutieren. Nehmen Sie diesen die Fachbegriffe weg – was bleibt? Nichts. Die Leute sind ihrer Identität beraubt.

Wir dürfen diesen identitätsstiftenden Teil der Fachsprache nicht unterschätzen. Nimm einem Verkäufer die Möglichkeit, vor dem Kunden durch Fachkompetenz zu glänzen, und was bleibt? Was hat er dann noch von seinem Beruf? Vielleicht geht es auch Ihnen so. Vielleicht müssen Sie erst lernen, sich Ihre Aufwertung, Ihren Kick, Ihre Anerkennung und Ihr Erfolgserlebnis anders als durch die überbordende Verwendung von Fachchinesisch zu holen. Beispielsweise aus dem Verkaufserfolg, aus der Kundenzufriedenheit, aus der Eleganz Ihrer Problemlösung.

Konkret: nutzenorientiert verkaufen

Werner Stefen hat nicht nur die Fremdwörter eliminiert oder übersetzt. Er hat die im Hause übliche Argumentation völlig auf den Kopf gestellt: von der produktzentrierten zur kundenorientierten. Üblicherweise kommt zuerst das Produkt: «Hier haben Sie x (Produkt). Das bietet Ihnen y (Produktmerkmal).» Wo bleibt die Bedarfslage des Kunden? Bei Stefen kommt zuerst der Kunde, dann das Produkt: «Wenn ich Sie richtig verstehe, möchten Sie mehr z (Bedarf). Wenn Sie x nehmen, wirkt sich das y auf z wie folgt aus: …» Nützlich für diese Art der erfolgreicheren Argumentation ist es, wenn Sie die Bedürfnisse des Kunden in die vom Kunden (in)direkt angezeigte Reihenfolge bringen und sie nach Priorität ansprechen: «Am wichtigsten ist Ihnen also die Betriebssicherheit? Gut. Dafür kann ich Ihnen bieten: …» Übrigens: Wer nutzenorientiert argumentiert, argumentiert automatisch nach dem KISS-Prinzip. Denn sämtliche Produktmerkmale, die Sie keinem Bedarf zuordnen können (und das sind die überwiegenden), können Sie bedenkenlos weglassen. Weniger ist hier tatsächlich mehr.

Warum kleben trotz dieser vielen Vorteile der nutzenorientierten Argumentation noch so viele Verkäufer am merkmalorientierten Verkauf? Wegen der prima Vorbereitung: Egal, was passiert, ich habe meine zwanzig Merkmale, die ich aufsagen kann. Das gibt Sicherheit. Sie vergessen dabei, dass man sich genauso gut auf die Nutzenerwartungen der Kunden vorbereiten kann. Denn die Nutzenerwartungen der Kunden sind sich sehr ähnlich: Kosteneinsparung, schnelle Amortisation, bequeme Handhabung, Sicherheit in der Anwendung …
Kim zum Beispiel sagt: «Wenn ich weiß, ich besuche einen Mittelständler aus dem Maschinenbau, dann kann ich ganz gut abschätzen, worauf es ihm ankommt: Absicherung der Familie, solide Finanzbasis, keine Experimente.» Diesen Nutzenerwartungen muss sie dann nur noch die passenden Angebotsmerkmale zuordnen. Kim hat quasi statt einer

Merkmal-Checkliste (welche Merkmale zähle ich auf?) eine Nutzen-Checkliste (was will der Kunde von mir?).
Diese Nutzen-Checkliste ist richtiges Verkaufsdynamit. Manchmal sagt Kim zu einem Neukunden: «Sie sagen, Sie sind seit zwanzig Jahren Chef der Firma? Erwachsene Kinder? Yacht am Mittelmeer? Dann lassen Sie mich raten. Von Ihrer Altersvorsorge erwarten Sie: a) … b) … c).» Worauf der Kunde die Augen aufreißt und ruft: «Ja! Woher wissen Sie das? Haben Sie mit meiner Frau geredet?» So gut kann Kim die Erwartungen bereits vorhersagen. Kim pflegt diese Nutzen-Checkliste wie andere Verkäufer ihre Merkmalliste pflegen. Wenn sie einen neuen Nutzen entdeckt, notiert sie die Zielgruppe, die Bedarfssituation, ihre Argumentationskette, die dazu passenden Produktmerkmale …
Damit wird auch klar, weshalb «Kundenorientierung» in so vielen Verkaufsmannschaften gescheitert ist. Ein Verkaufsleiter sagt: «Meine Verkäufer unterhalten sich fünf Minuten mit dem Kunden übers Wetter und zählen danach wieder zwanzig Produktmerkmale auf.» Was sie mit dem Small Talk übers Wetter an Rapport gewonnen haben, verlieren sie mit der kundenfeindlichen Argumentation wieder. Wie wir bereits in Kapitel 3 gesehen haben: Die Beziehungspflege lässt sich nicht in fünf Minuten abhandeln. Man kann nicht nett übers Wetter plaudern und danach so kundenfeindlich wie eh und je Produktmerkmale aufzählen. Das funktioniert nicht.
Vielleicht sind Sie inzwischen ein bisschen ärgerlich und fragen sich: Wenn nutzenorientierte Argumentation so viel erfolgreicher ist, warum wird sie dann nicht auf den Verkaufsschulungen trainiert? Sie wird dort trainiert. Aber meist nur theoretisch. Der Trainer erklärt den Unterschied zwischen Produktmerkmalen, Verkaufsvorteilen und Nutzen. Er betont, wie wichtig es ist, jeden Bedarfsfaktor des Kunden mit den entsprechenden Produktmerkmalen in Verbindung zu setzen. Er bringt sogar ein Beispiel dafür: ein berühmtes, von einer amerikanischen Firma oder einem deutschen Konzern.

Dann geht es weiter im Stoff. Die Verkäufer bleiben mit der Frage zurück: Und was nützt das jetzt mir?
Nichts. Denn bei der eigentlichen Arbeit werden sie im Stich gelassen: der Zusammenführung von Nutzen und Merkmalen für die eigenen Produkte. Im Idealfall unterstützen den Verkäufer bei dieser Arbeit der Marketing-Stab, der Innendienst, der Verkaufsleiter und die Verkaufstrainer. Es gibt eine norddeutsche Firma für Schließ- und Zugangssysteme, die gibt eine ständig aktualisierte Verkaufsunterlage für ihre dreißig Verkäufer heraus, die etwa so aussieht:

Produkt Zugangs-Funkkarte ZF 1001
Zielgruppe: Mittelständische Betriebe

Diese Kunden erwarten	entsprechende Produktmerkmale
1. absolute Betriebssicherheit	bereits 500 Installationen, Referenzen anbieten, Wartungsstundenliste zeigen, Ausfallquote belegen: unter einem Prozent
2. keine Schlangen mehr beim «Abstempeln»	Magnetkarten muss man stecken: ca. fünf Sekunden pro Vorgang, mit Funkkarten muss man nur am Sensor vorübergehen: praktisch Abstempeln im Vorübergehen: keine Schlangen

Für die Hauptzielgruppen-Segmente gibt es pro Produkt jeweils eine solche Tabelle, die die Bedürfnisse bereits priorisiert. Bei fünf Segmenten und fünfzehn Produkten ergibt das 75 A4-Blätter. Das ist viel Papier, wenn man bedenkt, dass Verkäufer eigentlich keine Zeit für Lektüre haben. Sie müssen verkaufen. Seltsamerweise hat sich noch keiner der dreißig

Verkäufer über die 75 Seiten beschwert, während es bereits über zweiseitige Hausmitteilungen heißt: «Wann soll ich das denn lesen?» Im Gegenteil. Als ein Niederlassungsleiter zum ersten Mal die 75 Seiten in den Händen hielt, sagte er: «Endlich mal was Sinnvolles aus dem Marketing. Wer hat denen denn heimgeleuchtet?»

Langes Beispiel, kurzer Sinn: Wenn Ihr Unternehmen Sie nicht in ähnlicher Weise unterstützt, müssen Sie die Arbeit selbst machen. Kim tut das, wie wir oben sahen. Sagt man zu ihr: «Mittelständler, Geschäftsführer, fünfzig Jahre, wohlhabend», kommt bei ihr wie aus der Pistole geschossen: «Absicherung der Familie, solide Finanzbasis, keine Experimente». Sie kennt die Nutzenerwartungen und sie kennt die dazu passenden Produktmerkmale.

Natürlich geht diese Umstellung von merkmal- zu nutzenorientiertem Verkauf nicht von heute auf morgen. Erst einmal muss man die Hauptbedarfsfaktoren der Kunden ermitteln, dann die passenden Merkmale zuordnen und dann das Ganze an einem guten Kunden ausprobieren. Einem, der Fehler verzeiht. Denn am Anfang wird Ihnen ständig der Merkmalreflex (s. Seite 109) ein Bein stellen. Werner Stefen sagt: «Dabei merkt man erst, wie oft das Mundwerk auf Vollautomatik steht.» Kaum fragt der Kunde was, schüttet man ihn automatisch, reflexhaft mit Produktmerkmalen zu. Man muss sich das erst mal abgewöhnen. Das setzt Stereo-Denken voraus:

Verkaufen + Beobachten: Rede ich in Merkmalen oder Nutzen?

Verkäufern fällt diese Umgewöhnung relativ leicht. Denn Verkäufer haben meist sowieso schon ein recht gutes Auge für den Kunden, die Situation und sich selbst.

Es gibt noch ein Hindernis, das sich Ihnen möglicherweise in den Weg stellt. Viele Verkäufer wenden ein: «Aber ich verkaufe doch schon über den Nutzen! Zum Beispiel unsere neue Gasdruckturbine. Die hat praktisch einen unendlichen Wartungszeitraum. Das ist doch ein Supernutzen.» Nein, das ist ein Vorteil. Einen Geschäftsführer, der eine eigene Wartungsmannschaft hat, die für ihn sowieso Fixkosten darstellt, juckt das schlicht nicht. Seinen Abteilungsleiter Wartung interessiert das jedoch brennend: Weniger Arbeit heißt das nämlich für ihn. Für ihn ist es tatsächlich ein Nutzen, für den Geschäftsführer nicht. Dem Verkäufer ist das nicht in gebotener Schärfe klar. Er verwechselt Verkaufsvorteil mit Nutzen. Diese Verwechslung ist so reflexhaft wie der Merkmalreflex. Machen Sie sich klar: Nutzen ist nicht das, was dem Kunden nutzen könnte, sondern was ihm ganz konkret in seiner derzeitigen Situation auch tatsächlich nutzt. Und in seiner derzeitigen Situation nutzt dem Geschäftsführer nun mal ein endloser Wartungszeitraum nichts.

Diese Unterscheidung zwischen Könnte-Nutzen und Nutzen fällt sehr schwer: «Aber warum ist dieser Geschäftsführer so kostenblind? Will der sein Geschäft zugrunde richten? Warum fragt der nicht mal seinen Abteilungsleiter Wartung & Instandsetzung?» Was der Verkäufer eigentlich fragt, ist: «Warum macht der Kunde meinen schönen Verkaufsvorteil kaputt?» Warum ist die Banane krumm? Wen juckt das? Der Geschäftsführer ist eben kostenblind, basta. Sie können Ihren Kunden nicht ändern. Sie haben keinen Therapie-, sondern einen Verkaufsauftrag. Akzeptieren Sie ihn so, wie er ist. Das ist das Schwierige am nutzenorientierten Verkauf, nicht die Technik.

Und noch ein Spezialproblem. Viele Verkäufer klagen: «Unser Produkt hat überhaupt keinen Nutzen! Die Kunden wollen x, wir können aber nur y anbieten. Wie soll man da Nutzen verkaufen?» Gute Frage. Werner Stefens Kunden beispielsweise sagen immer wieder: «Ich will nicht Handbücher studieren. Ich will, dass die Software sich selbst erklärt.» Werner Stefen: «Das funktioniert ja nicht mal mit den gängigen PC-Programmen für Otto Normalverbraucher, wie soll das dann im industriellen Bereich funktionieren?» Und früher hat er den Kunden das auch gesagt: «Das gibt es nicht.» Denn diesen Nutzen kann er nicht abdecken. Böser, böser Irrtum. Natürlich gibt es Nutzen, die man nicht abdecken kann. Der Kunde will partout grün, und Sie lackieren das Gehäuse nur in orange und blau. Deshalb stellen Sie nicht die gesamte Produktion um. Nicht bei einem Auftragswert von 250 Euro. Aber diese Fälle sind extrem selten. Normalerweise gilt das Prinzip: Sie können jeden Nutzen abdecken.

Werner Stefen sagt heute: «Kann ich verstehen, geht mir auch so. Deshalb läuft das Programm unter Windows (1. Produktmerkmal). Das kennen Sie ja: einfach zu bedienen. Und wenn trotzdem mal was unklar ist: Assistant anklicken (2. Merkmal). Oder Hotline anrufen (Merkmal 3). Und wenn Sie wirklich auf Nummer sicher gehen wollen, dann machen wir zwei Tage Schulung für Sie und Ihr Team. Aber keine 08/15-Schulung, sondern speziell auf Ihre Anwendungen abgestellt.» Danach fällt den Kunden meist nichts mehr zu diesem Thema ein. Übrigens: Die speziell auf die Anwendungen von Firmenkunden abgestellte Schulung gab es vorher nicht. Sie wurde erst und unter relativ hohem Aufwand entwickelt, als die Verkäufer sagten: «Wenn wir Nutzen verkaufen sollen, müssen wir auch Nutzen anbieten.» So beeinflusst der Verkauf die Produktentwicklung. Der Kreis schließt sich. Wenn Sie also tatsächlich mal auf einen Nutzen treffen, den Sie auf den ersten Blick nicht bedienen zu können glauben (und das wird vor allem am Anfang oft passieren), dann

- überlegen Sie vielleicht sogar laut: «Hmh, wenn Sie x wollen, was kann ich da für Sie tun? Lassen Sie uns mal gemeinsam nachdenken.» Dann probieren Sie wie bei einem Puzzle: Welches Merkmal passt auf diesen Bedarf? Es gibt immer ein Merkmal, das auf den Nutzen passt. Aber diese Verbindung zwischen Nutzen und Merkmal verlangt eben irgendwann mal eine gehörige Denkanstrengung. Gibt es diese Verbindung in seltenen Fällen tatsächlich einmal nicht:
- geben Sie Feedback nach oben: «Wir brauchen mehr Merkmale für die x-Kunden! Überlegt euch mal was!» Das führt zu deutlich besseren Resultaten, als wenn Sie klagen: «Unsere Produkte sind zu teuer und zu schlecht.» Denn

damit können die Leute höheren Orts erfahrungsgemäß wenig anfangen.

Läuft die nutzenorientierte Argumentation erst mal, macht man viele neue Erfahrungen. Hier einige von Verkäufern verschiedener Branchen: «Meine Zeitverteilung hat sich auf den Kopf gestellt. Ich mache jetzt viel mehr U als N (also Untersuchung als Nutzenargumentation). Denn kenne ich erst mal die Nutzenerwartung des Kunden, verkauft er sich mein Angebot selbst. Wenn die Bedarfslage in aller Deutlichkeit klar wird, sagen viele Kunden: ‹Also, was können Sie mir da anbieten?›»
«Ich habe mir vollständig diese leidige Protzerei mit den ‹Features›, den Produktvorteilen, abgewöhnt. Die hatten doch nie irgendwas mit dem Kundennutzen zu tun.»
«Man hat uns immer gesagt, wie müssten stolz auf unser Produkt sein, begeistert davon. Dann könnten wir auch unseren Kunden begeistern. Das ist Quatsch. Der denkt dann nur: ‹Angeber. Will mir was verkaufen.› Nicht ich muss stolz auf mein Produkt sein, der Kunde muss stolz auf seine Entscheidung für mein Produkt sein. Und das ist er nicht, wenn ich wie ein Zaunkönig herumhüpfe und das Produkt über den grünen Klee lobe.»
«Langsam bekomme ich ein Gefühl dafür: Bei diesem Bedarfsfaktor zieht dieses Produktmerkmal am besten und bei jenem dieses. Und wissen Sie was? Meist sind die Merkmale, die am besten bei einer bestimmten Bedarfslage verkaufen, gerade nicht jene, die an erster Stelle im Verkaufsprospekt stehen. Unsere Entwickler sind zum Beispiel mächtig stolz auf die 'Power' unserer Industriesauger. Den Großfirmen jedoch ist das piepegal. Die wollen nur eines: so geringe Instandhaltungskosten wie möglich. Und das steht im Verkäufermanual doch tatsächlich an letzter Stelle. Als ich früher mit der merkmalorientierten Argumentation in meiner Argumentation bei diesem Merkmal ankam, hatten die meisten Einkäufer schon geistig abgeschaltet.»

«Am Anfang fiel es mir sehr schwer. Ich habe mich richtig geschämt. Jetzt verkaufe ich seit fünf Jahren meine Dienstleistungen. Ich kenne jede Einzelne auswendig. Aber glauben Sie, mir sei am Anfang etwas eingefallen, als ich mich fragte, was denn die Bedarfslage und die Nutzenerwartungen meiner Kunden seien? Ich wusste es nicht. Ich kannte mein Produkt, nicht meine Kunden. Jetzt kenne ich beide.»

«Zehn Image-Berater können in einem Jahr nicht wieder gutmachen, was zehn unzufriedene Kunden an einem Tag an Negativ-Image verbreiten.»
Michael Brückner

«Unsere Kunden sind so dumm, die sollten eine Schulung machen, bevor sie bei uns einkaufen.»
Verkäufer

C wie das Contra des Kunden

Wie man Einwände provoziert

Einwände findet kein Verkäufer lustig. Einwände sind lästig, Einwände sind ärgerlich, Einwände verzögern das Verkaufsgespräch. Mit jedem Einwand entfernt man sich weiter vom Abschluss. Daher eine der häufigsten Fragen auf Verkaufsschulungen: «Wie verhindere ich, dass mein Kunde Einwände macht?»

Leider wird diese gute Frage zu oft falsch beantwortet: «Mit besseren Produkten und niedrigeren Preisen.» Diese Antwort geben sich Verkäufer meist selbst, wenn sie höheren Orts vorstellig werden oder unter sich klagen: «Mit diesen Produkten ist kein Blumentopf zu gewinnen! Die müssen besser, billiger und schneller lieferbar sein!» Eigentlich logisch, nicht? Nein, das ist die große Produktlüge. Denn weder Produkt noch Preis sind die häufigste Ursache von Einwänden: Der Verkäufer ist es. Er provoziert Einwände. Das klingt unglaublich? Dann stellen Sie sich gedanklich kurz auf den Kopf: Was würden Sie einem Verkäufer raten, der möglichst schnell möglichst viele Einwände hören möchte (und denken Sie dabei an unsere Nutzenerörterung im vorigen Kapitel)?

- Fall mit der Tür ins Haus. Bau keinen Rapport auf. Komm gleich zur Sache, das heißt zum Produkt.

- Finde nicht heraus, was der Kunde will. Biete ihm einfach an, was du hast. Das wird schon passen.
- Rede nicht vom Nutzen, rede von Merkmalen und Vorteilen. Kunden interessieren sich nicht für die Lösung ihrer Probleme, sondern dass dein Produkt jetzt 120 statt 119 Kilonewton Anzugsdrehmoment hat.

Umgekehrt gefragt: Wie behandelt man Einwände am besten? Wenn der Verkäufer tatsächlich viele der Einwände selbst provoziert, ist das die falsche Frage. Sind Sie etwa daran interessiert, Einwände zu behandeln? Nein. Wer einen Einwand behandelt, hat offensichtlich etwas falsch gemacht. Wenn Ihr Kunde Einwände macht, ist es bereits zu spät. Die Frage ist doch: Wie verhindere ich von vorneherein, dass der Kunde Einwände macht? Indem ich die Einwandsursachen vermeide:

- schlechter Rapport;
- unzureichende U-Phase;
- Merkmale statt Nutzen.

Die meisten Verkäufer glauben immer noch, dass der Kunde Einwände macht, weil ihm das Produkt nicht passt. Das stimmt nicht. Die meisten Einwände fallen immer dann, wenn der Verkäufer Verkaufsvorteile nennt, die nicht auf den Bedarf des Kunden passen. Einwände sind Reaktion des Kunden auf unpassende Verkaufsvorteile und vorschnelle Lösungsangebote. Die meisten Einwände richten sich gegen Lösungen, die nicht zu den Bedürfnissen passen. Zum Beispiel unser Kfz-Verkäufer aus dem vorigen Kapitel: Der Kundin ist der Wagen zu niedrig, der Verkäufer schlägt vor, die Nackenstütze zu verstellen. Kein Wunder, dass die Kundin Einwände macht:

1. Die meisten Einwände werden nicht von Produkt und Preis verursacht.
2. Die meisten Einwände provoziert der Verkäufer selbst.

3. Die häufigsten Gründe für Einwände sind: zu wenig R (also Rapport) und U (Untersuchung), zu viel Merkmale statt Nutzen, Lösungen, die nicht aufs Problem passen.
4. Das Vermeiden von Einwänden ist daher eine erheblich bessere Strategie als die Einwandsbehandlung.

Das ist das Paradoxon der Einwandsbehandlung: Der Verkäufer provoziert zuerst Einwände, um sie danach selbst zu behandeln und sich dann über den «zickigen» Kunden zu beschweren. Meist ist dem Verkäufer das überhaupt nicht bewusst. Er handelt aus ganz ehrenwerten Absichten heraus, zum Beispiel Egon:

Egons Absicht	**Sein Verhalten**	**Die Folgen**
«Man muss möglichst schnell zum Thema kommen, der Kunde hat seine Zeit nicht gestohlen.»	Egon macht wenig R und U, um Zeit zu sparen.	Egon weiß nicht genau, was der Kunde will, weshalb er in seiner Argumentation daneben liegt, was der Kunde mit Einwänden quittiert.
«Ich muss den Kunden überzeugen.»	Sagt jede Menge Produktmerkmale auf.	Der Kunde erkennt keinen Nutzen hinter den Merkmalen und macht Einwände.
«Ich muss Kompetenz zeigen.»	Verwendet Fachausdrücke.	Kunde versteht Bahnhof, macht Einwände.

Sicher fallen auch Ihnen auf Anhieb ein Dutzend weiterer Möglichkeiten ein, den Kunden zum Einwand zu provozieren. Worauf reagieren Ihre Kunden zuverlässig allergisch? An welchen Stellen in Ihren Verkaufsgesprächen tauchen immer wieder Einwände auf?

....

....

....

....

....

....

Wie könnten Sie Ihre Einstellung, Ihr Vorgehen, die Anbindung Ihrer Argumentation an den offenbarten oder angenommenen Nutzen oder Ihre Wortwahl ändern, damit der Einwand vermieden wird?

....

....

....

....

....

....

Forsten Sie Ihre Argumentationsketten auf versteckte Ursachen für Einwände durch. Stellen Sie diese Einwandsprovokationen ab. Sie provozieren längst nicht alle Einwände Ihres Kunden selbst. Aber jene, die Sie selber provozieren, können Sie auch vermeiden.

Begeisterung ist schlecht fürs Geschäft

Sie können ganz wunderbar Einwände provozieren, indem Sie den Rapport vernachlässigen, nicht herausfinden, was der Kunde wirklich will, merkmalorientiert argumentieren und Verkaufsvorteile anbieten, die der Kunde nicht braucht. Ein weiterer todsicherer Tipp ist: *Preise dein Produkt in den höchsten Tönen an!*

Nur wer brennt, kann andere anstecken! Der Spruch ist so alt wie falsch (zumindest beim komplexen Verkauf). Tatsächlich ist das Gegenteil der Fall: Begeisterung ist umsatzschädigend. Es sei denn, Sie sind Marktschreier auf dem Münchner Stachus oder dem Hamburger Fischmarkt. Bei einfachen Produkten mit eindrucksvollen Demonstrationsmöglichkeiten («Hier! Sehen Sie? Der Fleck ist weg!») und bestechendem Preis («Für 10 Mark 50 bekommen Sie nicht eines, nicht zwei, sondern drei, und dann lege ich noch diese topmodische Krawatte oben drauf!») ist Begeisterung durchaus nützlich. Doch selbst hier ist es nicht die Begeisterung, die verkauft. Die Begeisterung hält den Kunden lediglich am Marktstand.

Stellen Sie sich vor, Sie präsentieren Ihre erklärungsbedürftigen, komplexen und hochpreisigen Produkte derart begeistert wie der Propagandist vor dem Kaufhof. Der Kunde denkt doch sofort: «Marktschreier! Der will mir was aufschwatzen! Wo liegt da der Haken?» Prompt setzt das Paradoxon der Begeisterung ein: Je begeisterter Sie sind, desto skeptischer wird Ihr Kunde. Jedes Argument verkehrt sich beim Kunden glatt ins Gegenteil. Statt Zustimmung und Begeisterung wachzurufen, wird durch die anhaltende Euphorie des Verkäufers immer mehr Skepsis beim Kunden aufgebaut. Er entwickelt ganz im Sinne der selektiven Wahrnehmung (s. Kapitel «P wie Persönlichkeit», Seite 27ff.) eine skeptische Suchhaltung: Wo kann ich einhaken? Wo ist an diesem Argument der Pferdefuß? Wo kann ich dem Verkäufer das Gegenteil beweisen?

Nicht in Begeisterung zu geraten, ist nicht ganz einfach. Schließlich haben wir immer wieder gehört und gelernt: «Identifiziere dich mit deinem Produkt! Zeig Begeisterung dafür!» Aber das ist falsch, weil es nicht für sämtliche Produkte und sämtliche Verkaufssituationen gilt. Man muss zwar fürs eigene Angebot begeistert sein – aber man darf es nicht (immer) zeigen! Der Kunde kriegt das bei komplexen Gütern meist in den falschen Hals. Außerdem gilt: Der Kunde muss vom Produkt begeistert sein – nicht der Verkäufer. Begeisterung ist eben nicht ansteckend. Nicht bei komplexen Verkäufen. Da steckt sie den Kunden höchstens mit Skepsis an:

1. Ist der Verkäufer begeistert, ist es der Kunde meist weniger.
2. Der Kunde ist nicht begeistert, wenn der Verkäufer begeistert ist, sondern wenn der Verkäufer ihm gibt, was er braucht, das heißt nutzenorientiert verkauft.

Behandeln Sie keine Einwände. Vermeiden Sie sie. Daher sollte das Kapitel «Einwandsbehandlung» in Seminaren und Trainings eigentlich «Einwandsvermeidung» heißen. Je mehr Einwandsursachen Sie meiden, desto weniger Einwände werden Ihre Kunden machen. So können Sie ein bis zwei Drittel aller Einwände von vorneherein vermeiden. Um das restliche Drittel kümmern wir uns jetzt.

Recht haben ist Gift

Wenn ein Verkäufer keinen Rapport aufbaut oder Fremdwörter benutzt oder eine andere Provokation einsetzt, bekommt er die Quittung dafür: Einwände. Doch selbst Spitzenverkäufer bekommen Einwände zu hören, obwohl sie jede Provokation vermeiden. Denn neben den wirklich vermeidbaren Einwandsursachen gibt es viele andere Gründe für Einwände, die der Verkäufer nicht oder kaum beeinflussen kann:

- eine gewisse Entscheidungsschwäche beim Kunden: Er macht Einwände, weil er sich einfach nicht entscheiden kann;

- eine grundsätzliche Skepsis gegenüber Verkäufern aufgrund früherer schlechter Erfahrungen;
- momentane Zeitnot: «Hört sich gut an, aber kommt für uns nicht in Frage.» (Ausrede)
- eine immer wieder anzutreffende Neigung von Kunden zur Pferdefuß-Suche, gerade bei bestechendem Preis-Leistungs-Verhältnis: «Wo ist der Haken dabei?»
- verlockende Angebote von Mitbewerbern;
- abwesende Entscheider regieren hinein;
- Kaufreue;
- schlechtes Image der Firma beim Kunden.

Vermeiden Sie also jene Einwände, die Sie vermeiden können, und behandeln Sie jene, die sich nicht vermeiden lassen. Wie behandelt man nun Einwände? Indem man sie gerade rückt: «Ist das nicht ein bisschen viel Geld für einen Wartungsvertrag?»
«Ja, aber denken Sie doch an das Geld, das Sie damit sparen!»
Bei dieser Einwandsbehandlung zuckt jeder erfahrene Verkäufer zusammen. Ein Investitionsgüter-Verkäufer sagt: «Jedes ‹Ja-Aber› drückt den Rapport um fünf Grad Celsius nach unten.» Das Schlimmste, was man in einem Verkaufsgespräch machen kann, ist, dem Kunden zu widersprechen. Recht haben zu wollen, den anderen von der Richtigkeit der eigenen Argumente überzeugen zu wollen. Die eigenen Argumente sind zwar (meist) richtig. Aber wenn man den Kunden davon überzeugt hat, hat man ihn gleichzeitig von etwas anderem überzeugt: dass er Unrecht hatte. Und das ist nicht gerade abschlussfördernd. Man kann an der Körpersprache des Kunden ablesen, wie er «zumacht».
Bis zum ersten Einwand lief das Gespräch ganz freundschaftlich. Jetzt wird plötzlich aus dem Miteinander ein Gegeneinander. Ein Rapportbruch liegt in der Luft. Vertrauen kann in Misstrauen umschlagen, Hoffnung in Enttäuschung. Wer den Ja-Aber-Fehler begeht, stellt alles bisher Erreichte in Frage und torpediert alle seine bisherigen Bemühungen.

Dieses Dilemma um den Einwand ist so alt wie der Verkauf selbst: Wie sag ichs meinem Kunden? Einerseits liegt er völlig falsch mit seinem Einwand. Andererseits darf ich ihm das nicht offen ins Gesicht sagen. Wie löst man dieses Dilemma? Die gängigen Verkaufsseminare und die einschlägige Literatur empfehlen

- scheinbare Zustimmung: «Ja, das könnte durchaus mal vorkommen, aber bedenken Sie ...»
- einpacken des Einwands in ein «Sandwich»: dem Kunden teilweise Recht geben – den Einwand entkräften – noch einmal dem Kunden teilweise Recht geben.
- bagatellisieren: «Also, das ist vernachlässigbar, da hatten wir noch nie Klagen von anderen Kunden ...»
- überhören oder einfach vergessen.

Diese Taktiken haben einen entscheidenden Vorteil. Sie vermeiden das rapportschädliche Ja–Aber oder verpacken es zuckersüß. Aber ihr Problem ist: Sie vermeiden es zwar, dem Kunden explizit zu widersprechen, doch sie nehmen eigentlich seinen Einwand nicht ernst. Sie bagatellisieren, ignorieren oder verpacken ihn in Lavendel. Das ist Einwandsbehandlung in einer sehr doppeldeutigen Form: Der Kunde wird nämlich behandelt wie ein kleines Kind. Wie reagiert ein Kunde, der so behandelt wird? Auf keinen Fall mit beschleunigter, begeisterter oder gesteigerter Auftragserteilung (es sei denn, Sie sind Monopolist).

Wie man Einwände ernst nimmt

Lassen wir die offensichtlich kundenfeindlichen Techniken der Einwandsbehandlung einmal außen vor. Dass sie nicht funktionieren, sieht man auf den ersten Blick. Und sie werden ja auch wirklich selten angewandt, obwohl sie häufig trainiert werden. Das sagt einiges über die gängigen Verkaufstrainings und vieles über die Eigenverantwortung der Verkäufer: Sie

wissen ganz gut, was gut für ihre Kunden ist. Schauen wir uns also den aufgeklärten, kundenorientierten und von schlechten Trainings unbeeinflussten Verkäufer an, der es seinem Kunden so schonend wie möglich beibringen möchte:
Kunde: «Ist das nicht ein bisschen viel Geld für einen Wartungsvertrag?»
Nein, ist es nicht. Denn der Kunde übersieht einen ganz entscheidenden Verkaufsvorteil. Und diesen muss ihm der Verkaufsingenieur einfach verraten. Das tut er so zurückhaltend wie möglich: «Unser Angebot ist eigentlich das preisgünstigste im Markt. Ich kann Ihnen das an einer Tabelle der Stiftung Warentest zeigen. Und die ist nun wirklich neutral.»
Zufrieden mit der Einwandsbehandlung? Höflich ist sie ja und zurückhaltend. Aber funktioniert sie auch? Das heißt, gibt der Kunde danach seinen inneren Widerstand auf? Nein. Er erhebt möglicherweise keinen neuen Einwand, aber er unterschreibt auch nicht. Denn er hatte einen Grund für seinen Einwand. Das sehen wir, sobald wir den Einwand und seine Behandlung in die dahinter versteckten Botschaften übersetzen: «Ist das nicht ein bisschen viel Geld …?» heißt: «Ich habe das Geld nicht!» Oder: «Ich habe es, kann es aber nicht ausgeben.»
«Wir sind die billigsten» heißt: «Mir doch egal, ob du kein Geld hast. Billiger kriegst dus eh nicht.»
Geht die Einwandsbehandlung des Verkaufsingenieurs auf den Grund des Einwandes ein? Nein. Deshalb versagt sie. Der Kunde fühlt sich unverstanden und geht in die Defensive. Denn mit dem Verweis des Verkäufers auf die Stiftung Warentest verschwindet die Budgetrestriktion des Kunden nicht. Es nützt nichts, den Einwand des Kunden quasi zu ignorieren, darum herumzureden, auszuweichen. Das Einzige, was weiterhilft, ist: vorbehaltlos akzeptieren.

Der Einwand-Viertakt

Ernst nehmen	den Kunden als Einwandsteller;
Annehmen	Akzeptieren Sie den Einwand vorbehaltlos;
Aufnehmen	Suchen Sie mit Interesse und Neugier das hinter dem Einwand stehende Fragezeichen im Kopf oder Bauch des Kunden;
Eingehen	auf die dahinter versteckten Bedenken, sie zusammen mit dem Kunden reflektieren, sie (vielleicht, nicht unbedingt) auflösen.

Das hört sich einfach an. Und jeder Verkäufer wird von sich sagen: «Natürlich nehme ich den Einwand meines Kunden ernst!» Das stimmt leider nicht. Die meisten Standarderwiderungen auf Einwände tun zwar furchtbar ernst («Stiftung Warentest!»), aber sie gehen völlig am Motiv des Einwandes vorbei. Man nimmt einen Einwand nur dann ernst, wenn man sein Motiv herausfindet.
Es ist schwer, Einwände wirklich zu akzeptieren. Wir sind nämlich dazu erzogen worden, Einwände nicht ernst zu nehmen. «Mama, ich will das rote Kleid nicht anziehen.» «Aber Kind, das steht dir doch so gut!» Das stimmt zwar, aber das Kleid kratzt. Interessiert das die Mutti? Nein. Und bestimmt nicht, weil die Mutti eine Rabenmutti wäre. Sie hat nur gerade keine Zeit oder findet das Kleidchen eben soo süß. Seltsamerweise fällt es Verkäufern viel leichter, Einwände ernst zu nehmen: Ihr Gehalt hängt davon ab. Ein Finanzmakler sagt: «Ich habe mich daran gewöhnt, dass die Kunden eine Fremdsprache sprechen, wenn sie Einwände machen. Ich frage mich dann immer: Was heißt das übersetzt?» Das könnte so aussehen:

«Ist das nicht ein bisschen viel Geld für einen Wartungsvertrag?»

Ernst nehmen	«Ist der Preis ein Problem?» Botschaft: Ich nehme dich ernst. Du hast ein Problem – reden wir darüber.
Annehmen	«Wenn es damit Probleme gibt, lassen Sie uns darüber reden.» Eigentlich hat der Verkäufer keinerlei Preisspielraum. Aber er weiß, dass der Kunde möglicherweise keinen geringeren Preis will, sondern vielleicht etwas ganz anderes meint.
Aufnehmen	«Ist das Budget nicht da oder gibt es einen anderen Grund für Ihr Zögern?» Der Verkäufer sucht nach dem Fragezeichen hinter dem Einwand. Darauf sagt der Kunde: «Der Preis an sich ist kein Problem, aber was sagt unser Wartungsleiter dazu?»
Eingehen	«Ah, Sie meinen, der fühlt sich übergangen?»

Verkäufer fragen auf Seminaren oft: «Gibt es ein Patentrezept für die Einwandsbehandlung?» Viele Trainer antworten: «Gibt es nicht, jeder Einwand ist anders.» Im Sinne des Akzeptanz-Viertaktes kann man sagen: Gibt es. Das Patentrezept der Einwandsbehandlung lautet: Nimm den Einwand ernst – und zwar bis zur letzten Konsequenz. Oft werden Sie dabei eine überraschende Erkenntnis machen: Der Weg ist das Ziel. Sie müssen in den meisten Fällen nicht das tun, was jeder Verkäufer hasst: die Bedenken des Kunden zerstreuen, den Einwand auflösen, den Kunden «überzeugen». Sie müssen nicht mühsam Recht haben. Denn der Kunde löst seinen Einwand meist selber auf, wenn Sie den Einwand nur bis zur letzten Konsequenz verfolgen.
«Ist das nicht ein bisschen viel Geld für einen Wartungsvertrag?» Warum schmettern Verkäufer Einwände wie diesen meist ab? Weil sie «Preisverhandlung» riechen. Nimmt man den Einwand jedoch ernst und verfolgt ihn furchtlos bis zur letzten Konsequenz, kommt heraus: Der Kunde will gar keinen Preisnachlass. Er fürchtet beispielsweise lediglich, dass

der Wartungsleiter verärgert ist, wenn er eigenmächtig einen Wartungsvertrag in dieser Höhe unterschreibt. Und ist man erst einmal so weit gekommen bei der Einwandsbehandlung, löst sich der Einwand meist von selbst auf: «Wissen Sie was? Ich rufe den Kollegen an, wir klären das, dann unterschreibe ich.» Wenn man Einwände nicht ernst nimmt, lassen sie sich nicht auflösen. Wenn man sie ernst nimmt, braucht man sie oft nicht aufzulösen, weil sie sich von selbst auflösen.

Das klingt natürlich zu schön, um wahr zu sein. Machen Sie den P-Check (s. Kapitel «P»): Wie ernst nehme ich den Kunden? Welche Botschaften in meinem Kopf hindern mich daran, seinen Einwand bis zum Ende zu verfolgen? Welche spontanen Gedanken, Bilder oder Stimmen habe ich im Kopf oder/und welche Gefühle empfinde ich, wenn ich einen Einwand höre?

....

....

....

....

....

....

Hinter jedem Einwand versteckt sich eine Frage

Welche hinderlichen Botschaften haben Sie in Ihrem Kopf entdeckt? Eine der häufigsten ist: «Wie soll man einen Menschen ernst nehmen, der so dumme, fachinkompetente Einwände macht?» Betrachten wir ein Beispiel dazu:

«Warum leuchtet denn keine Kontrolllampe, wenn das Gerät Stromausfall hat?» Diese Frage stellte ein diplomierter Betriebswirt einem Verkaufsingenieur eines großen deutschen Anlagenbauers. Der Ingenieur sagte danach: «Ich hätte ihn am liebsten gefragt, bei welchem Versandhaus er sein Diplom gekauft hat und ob bei seiner Stereoanlage daheim auch noch ein Licht brennt, wenns ihm die Stockwerksicherung rausgehauen hat.» Natürlich ist das die falsche Einstellung. Wieder können wir beobachten, dass eine falsche Einstellung im Verkäuferkopf wenn nicht von der Fachkompetenz verursacht, so doch von ihr gefördert wird. Der Verkäufer ist so fachkompetent, dass praktisch jede Frage eines Laien ihm dumm und dämlich vorkommen muss.

Deshalb gibt es den feinen Unterschied zwischen Fachmann und Verkäufer. Der Fachmann fährt aus der Haut: «Es kann doch kein Licht brennen, wenn kein Strom da ist!» Der Verkäufer kann sich beherrschen. Nicht, weil er sich so gut beherrschen kann, sondern weil er weiß: Hinter jedem dummen Einwand versteckt sich eine Fachfrage.

- Selbst im dümmsten Einwand steckt ein Körnchen Sachfrage.
- Lassen Sie sich nicht von den neunzig Prozent Inkompetenz tangieren, konzentrieren Sie sich auf die zehn Prozent Sachfrage.
- Kurz: Entdecken Sie die Sachfrage hinter dem Einwand.

Lassen Sie sich nicht von der Inkompetenz des Einwandes aus dem Gleichgewicht bringen. Fragen Sie sich: Welche Produktfrage steckt dahinter? Welche inhaltliche Frage kann ich hinter der entnervenden Formulierung des Einwandes ausmachen? Kramen Sie in Ihrer Erinnerung: Welche besonders «dummen» Einwände haben Sie erlebt? Und welche Sachfrage vermuten Sie dahinter?

«dummer» Einwand:	versteckte Sachfrage:
....	....
....	....
....	....
....	....
....	....
....	....

Der Verkaufsingenieur aus unserem Beispiel fragte sich: Welchen grundlegenden Zusammenhang der Elektrizität hat der Kunde da offensichtlich nicht verstanden? Und sagte: «Gute Frage. Natürlich könnten wir das machen. Der Trick dabei ist: Wenn der Strom ausfällt, kann auch keine Kontrolllampe mehr leuchten, denn es ist ja kein Strom mehr da. Es sei denn, wir packen eine Batterie aufs Gerät, die exakt dann angezapft wird, wenn der Strom aus der Steckdose ausfällt. Das würde kosten, aber wir können das machen, wenn es Ihnen wichtig ist.» Zugegeben: Diese Selbstbeherrschung würde jedem Grundschullehrer zur Ehre gereichen. Aber der Verkaufsingenieur ist eben nicht nur ein guter Ingenieur, sondern auch ein guter Verkäufer.
Dem Betriebswirt ging darauf ein Licht auf. Er schämte sich seiner wirklich wenig intelligenten Frage, und als der Ingenieur dies bemerkte, sagte er: «Keine Ursache. Ich habe dafür nicht die geringste Ahnung von Investitionsrechnung.» Da spürt man fast körperlich, wie der Rapport gestärkt wird. Der Ingenieur hat dafür gesorgt, dass der Betriebswirt sein Gesicht gewahrt, sich nicht blamiert hat. Egal, ob der Kunde das bewusst bemerkt oder nicht: Er wird es niemals vergessen. Und Sie werden es sofort im Verkaufsgespräch bemerken: Es läuft leichter. Der Kunde lässt sich leichter führen.
Also verkneifen Sie sich die spontane Antwort auf «dumme» Einwände. Trainieren Sie sich die Suchfrage an: Nach wel-

chem Produktmerkmal könnte der Kunde mit seiner laienhaften Frage, seinem etwas unbeholfenen Einwand fragen? Dieses Nachforschen hilft Ihnen weiter als die spontane Reaktion. Es sei denn, der Kunde macht den Einwand nicht, um etwas zu erfahren, sondern um Sie zu foppen.

Wenn der Kunde Sie foppen will

Hinter einem echten Einwand steckt immer eine versteckte Sachfrage, die ans Tageslicht will. Anders liegt der Fall, wenn der Kunde keinen Einwand, sondern einen Vorwand vorbringt: «Die Akkuleistung dieses Laptops ist ja nicht besonders toll, nicht?»
Dies ist ganz offensichtlich eine gewollte Provokation. Der Kunde greift mit voller Absicht ein Produkt und damit indirekt den Verkäufer an. Wie reagieren unterschiedliche Verkäufer darauf?

- Verkäufer 1: defensiv, leicht beleidigt: «Wieso? Zweieinhalb Stunden sind Standard in dieser Klasse.»
- Verkäufer 2: schlägt verbal zurück: «Bei diesem Preis, was erwarten Sie da?»
- Verkäufer 3: meisterhaft beherrscht, ganz sachlich: «Wenn Sie eine höhere Akkuleistung wollen, haben wir hier unser XL-Paket.»

Die Reaktionen der ersten beiden Verkäufer sind verständlich. Wenn der Kunde patzig wird, patzt man unwillkürlich zurück. Das ist menschlich, führt aber zu nichts. Höchstens zur Eskalation und immer zu einem unzufriedenen Kunden. Deshalb bleibt Verkäufer 3 ganz sachlich. Sind Sie mit seiner Einwandsbehandlung zufrieden? Jein. Sie vermeidet zwar das den Umsatz sabotierende Zurückbellen, lässt aber eine seltsame Unzufriedenheit zurück. Diese Unzufriedenheit lebt der Kunde aus. Warum? Weil sein Einwand kein Einwand, sondern ein Vorwand ist.

Wenn ein Kunde patzig wird, kann es sich nicht mehr um eine versteckte Sachfrage handeln. Versteckte Sachfragen sind schlimmstenfalls lächerlich, inkompetent oder unbeholfen, jedoch niemals latent oder offen aggressiv. Wenn ein Kunde aggressiv wird, sagt uns unsere Beziehungsintelligenz: Den drückt etwas. Wir bemerken das spätestens dann, wenn der Kunde auf unsere sachliche Antwort («höhere Akkuleistung bei XL-Paket») patzig bleibt. Wir bemerken es auch an solchen Signalwörten wie «zu»: «Das ist doch viel zu teuer, zu klein, zu groß, zu dick, zu dünn ...» Oder wenn der Kunde die Konkurrenzkeule schwingt: «Da habe ich aber ein viel besseres Angebot von ...» Viele Verkäufer lassen sich spätestens hier provozieren: Schließlich wird ihr Produkt oder werden sogar sie selbst beleidigt. Doch Zurückpatzen ist hier völlig unnötig. Denn die Akkuleistung oder die Konkurrenz sind nur sachliche Vorwände für ein emotionales Motiv.

Wir sind nicht der Anlass, nur das Ventil für seinen Frust. Also können wir emotional ganz unbeteiligt fragen: «Hoppla, er wird aggressiv – was drückt ihn denn?»

Solange Sie nicht herausfinden, warum der Kunde aggressiv ist, bleibt er es. Deshalb führen die Reaktionen der drei Verkäufer oben nicht weiter: Sie nehmen den Vorwand nicht auf. Sie reagieren defensiv, schnippisch oder sachlich. Aber sie stellen nicht die einzige Frage, die das Motiv hinter dem Vorwand freilegt: «Ja, warum finden Sie die Leistung denn nicht toll?» Finden Sie den wahren Beweggrund hinter dem Vorwand. Solange Sie ihn nicht finden, geht es nicht voran im Gespräch. Wie in unserem nächsten Beispiel:

Ein Kunde schaut sich im Möbelgeschäft um. Er interessiert sich offensichtlich für einen gelben Bürosessel:
«Sie interessieren sich für diesen Chefsessel?»
«Der gelbe Bezug ist mir zu extravagant.»
Verkäufer 1: «Wieso? Was haben Sie denn gegen Gelb?»
Verkäufer 2: «Der Sessel ist in vielen anderen Farben lieferbar.»
Verkäufer 3: «Gelb ist die Trendfarbe zur Zeit.»

Verkäufer 4: «Dann nehmen Sie doch diesen: ...»
Verkäufer 5: «Nur als Sesselbezug oder generell im Büro?»

Die ersten vier Erwiderungen kennen wir aus unserer täglichen Erfahrung als Kunde. Sie sind recht unterschiedlich. Mal defensiv, mal ausweichend, mal sachlich. Doch eines haben sie gemeinsam. Sie weichen dem Vorwand aus. Sie «behandeln» ihn. Sie gehen ihm nicht auf den Grund. Die fünfte überrascht: Hoppla, dieser Verkäufer interessiert sich doch tatsächlich für das Motiv hinter dem Vorwand. Einwände beziehen sich immer auf Produkt, Service und Unternehmen, also auf die Sachebene. Vorwände kommen von der Beziehungsebene, aus dem Bauch, von den Gefühlen her. Die anscheinend sachlichen Begründungen sind nur vorgeschoben: «Gelb ist zu extravagant.» Warum? Weil die Frau des Kunden das sagt. Mit den vier ersten Erwiderungen findet kein Verkäufer das heraus. Mit der fünften eher, wenn der Verkäufer dranbleibt und nachfragt.

Checkliste: Wenn der Kunde Sie foppen will

- Lassen Sie sich nicht unbewusst davon anstecken. Der Angriff gilt nicht Ihnen.
- Machen Sie sich bewusst, was da gerade abläuft: Aha, er wird aggressiv.
- Weichen Sie dem Angriff nicht aus, indem Sie besonders sachlich werden oder ihn einfach ignorieren.
- Nehmen Sie die Provokation nicht an. Treten Sie geistig einen Schritt neben sich, und fragen Sie: Was hat er denn, dass er die Backen so aufbläst?
- Was ist der eigentliche Grund hinter dem Vorwand? Stellen Sie so lange Fragen, bis der Grund hinter dem Vorwand zum Vorschein kommt.
- Gehen Sie auf diesen Grund ein.

Das klingt jetzt vielleicht widersinnig, aber es funktioniert: Selbst wenn der Kunde Sie direkt und persönlich angreift, funktioniert das eben skizzierte Vorgehen: «Sie sind doch auch nur einer dieser windigen Typen, die mir was aufschwatzen wollen!»
A: «Wie können Sie so etwas sagen? Also in diesem Ton nicht!»
B: «Aber nein, ich will doch nur, dass Sie ein faires Angebot bekommen!»
Weder A noch B funktionieren. A eskaliert, B zerstört das Verkäufer-Ego. C funktioniert: C: «Wer hat Sie denn derart übers Ohr gehauen, dass Sie so sauer auf Verkäufer sind?»
Mit etwas Glück spricht sich der Kunde daraufhin frei. Das kostet Sie zwar fünf Minuten. Aber danach ist Ihr Rapport erdbebensicher. Das ist Rapportpflege. Das ist Vorwandsbehandlung.

Der Preiseinwand: «Das ist zu teuer!»

«Was? So viel? Das ist mir zu teuer!» Diesen Einwand hasst jeder Verkäufer. Denn jetzt gehts um alles oder nichts, um nachgeben oder riskieren. Jetzt geht das Gefeilsche los, das beide Seiten zu Verlierern macht. Der Verkäufer fühlt sich danach schlecht, weil er sich hat runterhandeln lassen. Der Kunde, weil er selbst nach einem Abschluss mit gemindertem Preis das Gefühl nicht los wird, dass er bei etwas Hartnäckigkeit noch mehr hätte herausschlagen können. Kommt es zum Abschluss, gehen beide bereits als Verlierer in die Geschäftspartnerschaft. Keine gute Voraussetzung für künftige Geschäfte. Außerdem verdirbt einem das Gefeilsche den ganzen Spaß am Abschluss.
Nachgeben ist also keine gute Reaktion. Das ahnt jeder Verkäufer. Aber was soll man machen? Hart bleiben? Etwa:
«Qualität hat ihren Preis.»
«Unsere Preise sind messerscharf kalkuliert.»

«Das muss es Ihnen schon wert sein.»
Wenn Sie etwas Verkaufserfahrung haben, wissen Sie: Beide Optionen funktionieren nicht so toll, wie man sich das wünscht. Beide haben hohe Kosten. Geht man runter, verlieren beide. Bleibt man hart, verliert man vielleicht den Umsatz. Was ist besser? Die Antwort liegt in der dritten Erwiderung von oben: «Das muss es Ihnen schon wert sein.» Nein, ist es eben nicht, sonst würde der Kunde keinen Preiseinwand machen. Formalisiert ausgedrückt:

Wert < Preis

An dieser Ungleichung sieht man, wie unsinnig ein sofortiger Preisnachlass ist. Die Ungleichung hat zwei Seiten. Warum nur auf der rechten Seite drehen? Warum rechts drehen, noch bevor man es links versucht hat? Links tut es viel weniger weh. Die linke Seite zu bearbeiten nennt man auch: den Preis wertig machen. Wie macht man das? Wie bei allen anderen Einwänden auch: Indem man den Einwand nicht behandelt, sondern vermeidet. Der Preiseinwand lässt sich vermeiden? In den meisten Fällen ja. Betrachten wir dazu ein Beispiel:

«Guten Tag, ich habe gehört, Sie können Projektteams fitmachen. Ich habe 120 Mitarbeiter in Projektteams. Was würde mich das kosten?»
«Bei drei Schulungstagen je Mitarbeiter macht das 90.000 Euro.»

Was macht der Kunde? Er fällt in Ohnmacht. Natürlich ist das Beispiel überzogen. Kein Verkäufer würde den Preis so schnell und so ungeschützt nennen. Denn er weiß ganz genau, dass er damit den Preiseinwand provoziert. Je weniger Wert man mit dem Preis verbindet, desto eher und heftiger kommt der Preiseinwand.

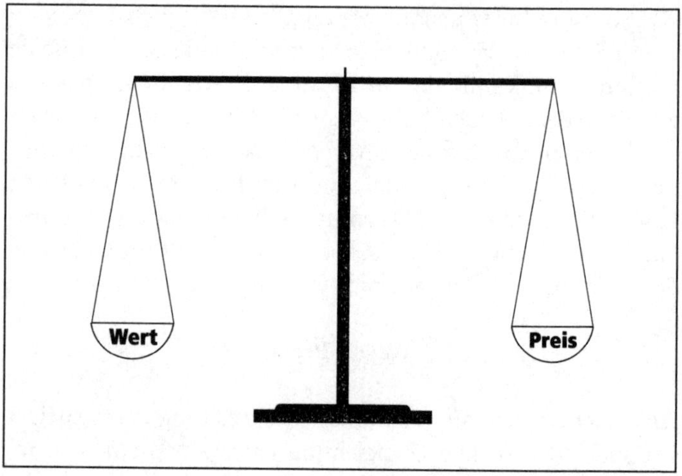

Das ahnen viele Verkäufer. Deshalb sagen sie nicht: «Das kostet 30.000 Euro.» Sie sagen: «Mit der Klima-Anlage, dem Radio-CD-Player, den Ledersitzen, den Alu-Felgen und der Diebstahlsicherung kostet das 30.000 Euro.» Was passiert? Der Merkmalreflex (s. Kapitel «N», Seite 120). Je mehr Merkmale man aufzählt, desto unglaubwürdiger wird der Preis bei Hochpreisprodukten: «Bei so viel Schnickschnack ist es klar, dass es so viel kostet.» Der Verkäufer hat die richtige Absicht: Niemals den Preis ohne den Wert nennen. Leider war das, was er aufzählte, kein Wert für den Kunden.
Im nächsten Beispiel handelt es sich um den Verkauf eines Sportwagens.

Das Gespräch fand während eines Tages der offenen Tür statt. Zufällig stand ein zweiter Verkäufer daneben. Auf den ersten Preiseinwand des Interessenten sagte er: «Stellen Sie sich vor, wie der Wagen auf der Straße liegt. Wie ein Go-Kart. Ich bin mit 140 in eine Autobahnausfahrt gefahren – nicht mal der Kaffee wurde verschüttet. Der Wagen fährt wie auf Schienen mit diesem extrem niedrigen Tiefpunkt und weiten Radstand.» Die Augen des

Interessenten leuchteten. Der zweite Verkäufer unterdrückte ein Lächeln: Der Wagen war verkauft. Warum?

Weil der zweite Verkäufer nicht sieben Merkmale aufzählte. Er nannte ein einziges Merkmal: Straßenlage. Aber das war Wert pur. Woher wusste der Verkäufer das? Weil er in der U-Phase seines Kollegen eine Wendung des Kunden aufgeschnappt hatte: «Das fühlt sich einfach Klasse an, in diesem Wagen zu sitzen.» Der Kunde wollte das Sportwagen-Feeling. Er wollte keinen Radio-CD-Player. Nicht der CD-Player war es ihm wert, sondern das Feeling. Je heftiger man die U-Phase verschläft, desto heftiger kommt der Preiseinwand.
Wenn Sie die Wünsche Ihres Kunden kennen, zählen Sie keine Produktmerkmale auf, um den Preis wertig zu machen. Das bringt nichts. Ein Merkmal ist kein Wert. Der Nutzen ist ein Wert. Also zählen Sie dem Kunden die Erfüllung jener Wünsche auf, die Ihr Angebot ermöglicht. Oft werden Sie dabei eine verblüffende Beobachtung machen: Der Effekt läuft plötzlich in die andere Richtung. Vorher dachte der erste Kfz-Verkäufer: «Bei so vielen Extras schlägt der Mann nicht zu? Ist der verrückt? Weiß der, wie wenig das Konkurrenzmodell für diesen Preis bietet?» Nach dem Gespräch sagte der erste Verkäufer zu seinem Kollegen: «Nur für dieses Sportwagen-Feeling gibt der Mann so viel Geld aus? Ist der verrückt? Das kann er doch anderswo billiger haben!» Will er aber nicht. Denn das ist es ihm wert. Das Feeling ist ihm 30.000 Euro wert. Eine bestimmte Summe ist nie Selbstzweck. Ob ich bereit bin, sie auszugeben, hängt letztlich ausschließlich davon ab, ob die Sache es mir wert ist. Da sind viele sogar bereit, einen Kredit aufzunehmen: «Das ist es mir wert.» So lässt der eine für einen gebrauchten Ferrari ohne mit der Wimper zu zucken 50.000 Euro springen, obwohl er weiß, dass er dafür ein Jahr lang in Spargewändern gehen muss. Der andere hat ein Faible für Antiquitäten. Natürlich kauft man bei Aldi, wenn man billig einkaufen will. Ist deshalb Feinkost-Käfer in München Pleite gegangen? Mitnichten. In der Regel kommt es uns

nämlich nicht darauf an, billig einzukaufen. Denn wir alle wissen: Jede Leistung hat ihren Preis. Ein T-Shirt für 2,50 € Regalpreis sieht nach dem fünften Waschen anders aus als eines für 40 €. Wir wollen nicht billig kaufen, sondern preiswert. Der Preis muss es wert sein.

Den Wert aufbauen

Der Kunde setzt Ihrem Preis seinen Wert gegenüber. Ein Kauf kommt zustande, wenn $W = P$ oder $W > P$. Wenn $W < P$ ist, müssen Sie noch etwas arbeiten. Sie müssen den Wert aufbauen. Dazu ein hübsches Beispiel.

Ein Verkäufer ist bei der Kundin zu Hause. Die Frau ist kaufbereit, der Verkäufer nennt den Preis, die Frau erschrickt: «2100 €? Da muss ich erst meinen Mann fragen!» Darauf der Verkäufer: «Nein, das tun Sie bitte nicht.» Unmöglich? Rapportbruch? Entrüstet fragt die Frau zurück: «Und warum nicht?!» Darauf der Verkäufer: «Schauen Sie sich Ihren Mann an, wie er da draußen im Garten so fleißig arbeitet. Er scheint an unserem Thema nicht sonderlich interessiert zu sein. Und an Ihren Wünschen auch nicht, sonst wäre er hier und nicht draußen. Wenn Sie ihn jetzt fragen, wird er nur eine Antwort haben: ‹Nein›. Stimmts?» Die Frau wird nachdenklich: «Wahrscheinlich haben Sie Recht.» Der Verkäufer weiter: «Aber für Sie ist das Thema wichtig. Sonst säßen wir nicht hier. Sie haben ein Ziel, Sie haben Pläne gemacht. Haben Sie nicht das Recht, sich selbst einmal einen Herzenswunsch zu erfüllen?» Die Frau gibt ihm Recht und unterschreibt.

Möglicherweise hat sie danach Ärger mit ihrem Mann. Aber ohne Unterschrift hätte sie den auch: mit sich selbst und ihrem Frust, mal wieder auf etwas zu verzichten, was es ihr wert ist. Und hätte der Verkäufer den Wert nicht derart aufgebaut, hätte sie noch heftigeren Ärger. Dann könnte sie ihrem Mann nicht mal überzeugend darlegen, weshalb es ihr das wert ist. Der Verkäufer hat es doch tatsächlich geschafft, die Lösung mit dem größten Nutzen für alle Beteiligten anzubieten. Und er hat dabei noch nicht einmal manipuliert. Denn die Frau hätte jederzeit sagen können: «Wenn ich es mir recht überlege – das ist es mir dann doch nicht wert.» Hat sie aber nicht. Also war es ihr das wert. Und ohne den Verkäufer hätte sie darauf verzichten müssen.

Vermeiden ist besser als behandeln

Haben Sie Lust auf etwas Gehirn-Jogging? Okay? Also, richtig oder falsch:

«Der Kunde ist positiv gestimmt, weil er einen guten Kauf gemacht hat.»

Könnte man unterschreiben, nicht? Das hört sich stimmig an. Aber weitaus interessanter wird der Satz, wenn man ihn auf den Kopf stellt:

«Der Kunde hat einen guten Kauf gemacht, weil er positiv gestimmt war.»

Oder haben Sie schon jemals etwas freiwillig gekauft, bei dem Sie ein ganz schlechtes Gefühl hatten? In der Regel tun wir das nicht. Was tun wir, wenn wir ein ungutes Gefühl im Verkaufsgespräch haben? Wir machen Einwände. Auf dieser Erkenntnis baut das goldene Prinzip der Einwandsbehandlung: Wann immer sich der Kunde ungut fühlt, macht er Einwände. Nicht nur, wenn der Preis oder eine Produkteigenschaft ihm nicht passt. Sondern immer dann, wenn er sich ungut fühlt. Wie viel Gelegenheiten bieten Sie Ihrem Kunden, sich ungut zu fühlen? Das heißt, wie oft und wo provozieren Sie Einwände?

Checkliste: Vermeiden Sie Einwände!

Der Kunde ist nicht positiv gestimmt, weil er einen guten Kauf gemacht hat. Er hat einen guten Kauf gemacht, weil er positiv gestimmt war. Einwände sind ein Hinweis darauf, dass irgendetwas die Kaufstimmung des Kunden sabotiert:

- *Ein schwacher oder schlechter Rapport* ist der beste Nährboden für Ein- und Vorwände. Wenn ich jemanden unsympathisch finde, mache ich ihm gern das Leben schwer. Das heißt: Einwandsbehandlung, nein, Einwandsvermeidung beginnt schon beim Gesprächsanfang, beim Rapport!
- Die meisten Einwände richten sich nicht gegen Produkt und Preis, sondern gegen *Lösungen, die nicht zu Bedürfnissen passen.* Das heißt: Eine zu kurze U-Phase, ein mangelndes Wissen über Bedürfnisse, Wünsche, Motive, Einstellungen und Emotionen des Kunden provozieren eine Einwandshaltung.
- *Unverständliche Ausdrucksweise,* Fachjargon und Abkürzungen führen zu unguter Stimmung und damit zu Einwandsneigung.
- Eine Merkmalnennung, die *keinen erkennbaren Bezug zum Kundenbedürfnis* hat, führt meist direkt zum Einwand gegen diese «Behauptung» des Verkäufers.

Aber, bezogen auf den letzten Punkt, Vorsicht vor dem Zwang zur Rechtfertigung: «Mit dieser Belüftungsstarkstufe ist die Scheibe in nullkommanichts wieder frei.»
«Nicht, wenn da ein Jogger total verschwitzt im Auto sitzt.»
«Aber sicher. Damit kriegen Sie die tollste Waschküche trocken.»
«Ach was, das kann doch gar nicht sein.»
Dieser Verkäufer glaubt irrtümlich, dass der Kunde seine Aussage anzweifelt. Tut er im Grunde nicht. Der Kunde denkt lediglich: «Was hat das mit meinem Bedürfnis zu tun? Ich

sitze nicht verschwitzt im Auto!» Der Kunde erhebt den Einwand nicht, weil er die Aussage anzweifelt, sondern weil er frustriert ist, dass der Verkäufer ihm «vom Pferd erzählt», also neben seinem Bedürfnis argumentiert. Versuchen Sie nie, einem Kunden etwas auszureden, ihn zu «überzeugen». Prüfen Sie lieber, ob der Einwand des Kunden daher kommt, dass Sie seinen Bedarf verfehlt haben.

Weitere zuverlässige Einwandserzeuger sind:

- *Mangelnde Identifikation des Verkäufers mit seinem Produkt.* Der Kunde bemerkt dies natürlich: «Dem ist das egal, trotzdem will er mir das verkaufen!» Diesen Widerspruch drückt der Kunde unbewusst als Einwand aus. Er kann ja nicht fragen: «Interessiert Sie das wirklich nicht?» Er versucht lediglich intuitiv, durch Widerspruch vielleicht doch noch das Engagement des Verkäufers zu wecken.
- *Unzureichende Fachkompetenz.* Tja, Fachkompetenz hat auch etwas Gutes. «Da haben wir unsere Spezialisten im Haus.» Nachdem dieser Satz gefallen ist, macht der Kunde merklich mehr Einwände. «Wenn der Verkäufer nicht Bescheid weiß, muss ich höllisch aufpassen!», denkt sich der Kunde.
- *In-Frage-Stellen der Fachkompetenz des Kunden:* «Ich glaube nicht, dass Ihre Idee funktionieren kann.» Können Sie den Einwand hören? «Ich hätte das aber gerne so und nicht anders.»
- *Preisunsicherheit des Verkäufers:* Wenn der Kunde merkt, dass der Verkäufer selbst nicht vom Preis überzeugt ist, fängt er prompt an zu handeln.
- *Angriffe auf den Wettbewerber.* Diese wecken den Beschützerinstinkt des Kunden. Vielleicht hat er oder ein geschätzter Kollege ein Produkt des Mitbewerbers, das er sich nicht vermiesen lassen will.

Die richtige Einstellung

Wie man einen Einwand behandelt, weiß eigentlich jeder Verkäufer. Jeder hat das schon mal gelesen, vorgemacht bekommen oder im Seminar geübt. Warum erleben wir dann als Kunden so wenige wirklich gute Behandlungen unserer Einwände? Und warum ertappen wir uns selbst immer wieder dabei, wie wir uns falsch verhalten, obwohl man es doch besser weiß? Woran liegt das? An den eingefahrenen Einstellungen. Die Einstellung steuert das Verhalten, nicht unser Wissen. Deshalb ist es entscheidend, die richtige Einstellung zu haben:

Egons Einstellungen	**Kims Einstellungen**
1. «Einwände müssen entschieden, aber konziliant behandelt werden.»	1. «Ich behandle Einwände nicht, ich vermeide sie.» «Vermeiden ist besser als Behandeln.» «Ich vermeide Einwände durch einen guten Rapport, durch U vor N und durch Nutzen- statt Merkmalaufzählung.»
2. «Einwände sind lästig, aber sie gehören eben dazu.»	2. «Ich bewahre mir bewusst meine positive Einstellung.» (s.u.)
3. «Wie kann man so blöd fragen?»	3. «Macht der Kunde Einwände, hat er etwas nicht verstanden oder ich liege neben seinem Bedarf.»
4. «Der will mich foppen!»	4. «Macht der Kunde Vorwände, finde ich heraus, was ihn drückt.»

5. «Wenn der Kunde sich wehrt, muss ich ihn überzeugen.»	5. «Ich unterscheide zwischen Ein- und Vorwand und richte meine Reaktion darauf aus.»
6. «Wenn der Kunde Einwände macht, droht sein Absprung.»	6. «Ein- und Vorwände sind keine Drohungen, sondern Einladungen zum neuerlichen Kompetenzbeweis.»

Was fällt an Egons Einstellungen auf? Dass sie ihm das Verkaufen unnötig schwer machen. Natürlich denkt Egon nicht absichtlich Erfolg verhindernd. Das passiert ihm ganz unbewusst. Hat man die falsche Einstellung, dann kommt das falsche Verhalten ganz automatisch.

Spitzenverkäufer haben ihre überlegene Einstellung zur Einwandsbehandlung nicht geschenkt bekommen. Sie haben sie sich erarbeitet und sie pflegen sie ständig. Mit dem P-Check (s. Kapitel 2): Was denke ich gerade? Welche innere Stimme hindert mich daran, den Einwand des Kunden so zu behandeln, wie ich mir das wünsche?

Einwandsbehandlung beginnt also nicht, wenn der Einwand des Kunden fällt. Sie beginnt auch nicht in Phase R, wo der Rapport geknüpft wird. Sie beginnt bereits in Phase P: Stimmen die persönlichen Faktoren eines Verkäufers (seine Einstellungen) nicht, dann nützt ihm die beste Technik der Einwandsbehandlung nichts. Er wird sie nicht oder nicht richtig anwenden. Hat er dagegen die richtige Einstellung im Kopf, verwendet er die richtige Technik automatisch. Nicht selten sogar, ohne sie je gelernt zu haben. Das ist das Geheimnis der Naturtalente: Sie kennen die Technik nicht, aber sie machen trotzdem alles richtig, weil sie die richtige Einstellung haben.

Wie schafft man es denn nun, die richtige Einstellung zu haben? Und vor allem: Sie nicht zu verlieren, wenn der Kunde wieder derart «dämlich» fragt? Indem man den inneren Autopiloten abschaltet. Die Einwände des Kunden lösen im

Normalfall nämlich einen vollautomatischen Reiz-Reaktions-Mechanismus aus:

Reiz	Reaktion
Einwand	«Oje, der Kunde wehrt ab!»

Diese Reaktion ist verständlich, führt aber zum bekannten ‹Ja-Aber›, zur Rechthaberei und zu verkrampften Versuchen, den Kunden wieder ins Boot zu holen. Das wirkt wenig überzeugend. Kim dagegen ist bei Einwänden aller Art völlig unverkrampft und deshalb überzeugend. Sie hat sich eine etwas andere Reaktion antrainiert:

Reiz	Reaktion
Einwand	«Aha, ein Kaufsignal!»

Wenn man den Einwand des Kunden als Abwehrsignal sieht und wertet, verkrampft man automatisch. Wenn man ihn dagegen als Kaufsignal wahrnimmt, bleibt man locker. Und tatsächlich ist der Einwand nie ein Abwehr- *und immer ein Kaufsignal:* Wer sich die Mühe macht, mit dem anderen zu «streiten», der hat immer noch ausreichend Engagement für die Sache. Der sagt quasi: «Gib mir darauf noch die passende Antwort, dann mache ich mit.» Wenn Sie sich selbst als Kunde beim Kauf beobachten, können Sie das bestätigen: Wir wollen den Verkäufer (meist) nicht ärgern oder vorführen. Wir wünschen uns sogar, dass er unsere Zweifel zerstreut und unsere Bedenken in Zuversicht verwandelt. Deshalb machen wir den Einwand: Um Klarheit zu bekommen. Nicht um das Gespräch zu stören.
Es ist nämlich gerade umgekehrt: Nicht der Kunde, der den Einwand macht, ist gegen den Kauf eingestellt. Der Kunde, der keinen Einwand macht, ist gegen den Kauf. Jene Kunden, die sich innerlich bereits aus dem Gespräch verabschiedet haben, machen keine Einwände mehr. Aus Angst, das lästige

Gespräch damit nur noch zu verlängern. Sie nicken interessiert zu allen Ausführungen des Verkäufers und signalisieren Zustimmung, um dann die Kurve zu kratzen: «Ist höchst interessant. Wenn Sie mir bitte die Unterlagen mitgeben, kann ich mir das zu Hause nochmals in aller Ruhe durch den Kopf gehen lassen.» Dieser Kunde ist weg. So gesehen muss man sich als Verkäufer auf den Kopf stellen: Jasager sind schlecht, Neinsager gut für den Umsatz. Einwände sind die große Chance, die Einladung zur Überzeugung.
Betrachten Sie Einwände nicht länger als Bedrohung, sondern als Chance. Diesen Perspektivwechsel nennt man übrigens Reframing: *Man gibt einem Bild einen anderen Rahmen und schon sieht die Sache anders aus. Sie werden den Unterschied fast körperlich spüren:* Sobald Sie Einwände nicht länger als lästige Umsatzbedrohung, sondern als Einladung zum Kompetenzbeweis betrachten, fällt der Druck des Überzeugenmüssens von Ihnen ab und Sie nehmen Einwände ganz locker und gelöst.

Die Reklamationsbehandlung

Reklamationen sind eine andere Möglichkeit, mit der der Kunde C = Contra geben kann. Reklamationen sind eng verwandt mit Einwänden. Ein Einwand spiegelt Bedenken und Unsicherheit wider. Eine Reklamation Ärger und Enttäuschung. Das macht die Reklamation so gefährlich: Die hochgehenden Emotionen des Kunden stecken den Verkäufer an. Dazu ein Beispiel.

Ein Kunde stürmt an den Bankschalter und beschwert sich lauthals beim Berater, der über den Vorgang natürlich nichts weiß: «Lieferant X hat mich eben angerufen. Die Bank hätte die Lastschrift nicht akzeptiert und mit Hinweis ‹nicht gedeckt› zurückgehen lassen. Das ist eine Unverschämtheit! Ich stehe da wie der letzte Idiot. Wenn sich das herumspricht!»

Berater 1: «Also damit habe ich nichts zu tun. Das Firmengeschäft regelt Kollege Müller.»
Berater 2: «Kann es sein, dass Sie Ihr Kontokorrent überzogen haben?»
Berater 3: «Das kann nicht sein. Wir checken Lastschriften immer doppelt gegen die Konten ab.»
Berater 4: «Hmh, da haben Sie ein Problem. Wann ging die Lastschrift denn raus?»
Berater 5: «Ich kann Ihren Ärger verstehen. So etwas darf nicht sein. Der Sache gehen wir sofort auf den Grund. Wir gehen am besten gleich in mein Büro.»

Berater 1 gibt den Schwarzen Peter weiter. Berater 2 sucht die Schuld erst mal beim Kunden. Berater 3 bezeichnet den Kunden implizit als Lügner. Berater 4 wälzt sein Problem gekonnt auf den Kunden ab. Alle vier senden die versteckte Botschaft: «Das Problem geht mich nichts an. Es ist dein Problem, nicht meines.» Dies ist die herrschende Praxis. Und wer jemals in einem Münchner Biergarten war, der kennt Extrembeispiele dieser Praxis.

An einem sonnigen Maitag beschwert sich eine ältere, zierlich gebaute Dame zaghaft beim Schankkellner darüber, dass der Maßkrug schlecht eingeschenkt ist. Mit seiner lauthals vorgetragenen «Reklamationsbehandlung» unterhält der Kellner daraufhin den gesamten Biergarten: «Ja da schaug di an. Grad dass sie den Krug mit zwei Händ halten kann. Ihnen ist doch dös scho viel zu viel. Seiens froh, dass nicht ganz so viel drin ist. Schlecht eingschenkt! Ja die schau an ...» Dieser Monolog geht noch eine gute Weile weiter, bis sich die Umstehenden zu Gunsten der «behandelten» Dame einschalten. Das bringt den Mann am Tresen noch stärker in Rage. Er zieht derart vom Leder, dass er schließlich von einem peinlich berührten Oberkellner aus dem Verkehr gezogen werden muss.

Betrachten wir als Kontrast Berater 5 aus dem Bankbeispiel. Er tanzt Viertakt:

- Er nimmt die Reklamation und den Kunden ernst, indem er den Ärger des Kunden würdigt.
- Er akzeptiert die Reklamation vorbehaltlos und versucht nicht, das Problem woanders hinzuschieben.
- Er nimmt die Reklamation auf, indem er Hilfe anbietet.
- Er geht auf die Reklamation ein, indem er nach einer Lösung sucht.

Mit absoluter Sicherheit sind seine vier Kollegen in Reklamationsbehandlung geschult worden. Sie wissen, wie man das macht. Wieso tun sies dann nicht? Weil man automatisch auf Kontra geht, wenn man «angemacht» wird. Weil man automatisch denkt: «Ich lasse mich von dir nicht anmachen!» Was denken Sie sich, wenn ein besonders aufgebrachter Kunde bei Ihnen reklamiert? Was fühlen Sie dabei? Was sind Ihre spontanen Gedanken und Gefühle?

....

....

....

....

....

Der emotionale Reflex, der durch diese spontanen Gedanken und Gefühle ausgelöst wird, ist stärker als die Technik, die man gelernt hat. Verkaufstrainer raten da oft und gerne: «Bleiben Sie ruhig, bleiben Sie sachlich.» Das ist grober Unfug.
Wie kann man sachlich bleiben, wenn der Kunde einen derart angreift? Indem man wie oben bei den Einwänden (nicht Bedrohung, sondern Chance) die Perspektive wechselt: Reklamierende Kunden sind nicht sauer auf den Berater, sie sind sauer auf das Produkt oder die Firma. Wenn ein reklamierender Kunde emotional, aggressiv oder beleidigend wird, lassen Sie sich nicht anstecken, reframen Sie stattdessen:

- Er meint nicht mich. Er ist nur sauer.
- Er ist nicht sauer auf mich, sondern auf das Produkt.
- Ich bin nicht das Produkt.
- Ich bin nicht die Ursache seines Ärgers, nur sein Ventil.
- Er erwartet nicht von mir, dass ich zu Kreuze krieche, sondern, dass ich ihm verständnisvoll zuhöre.
- Er erwartet keine Entschuldigung, sondern Abhilfe.
- Reklamationen sind gut.

Diese veränderten Einstellungen sollte man immer hervorkramen, wenn ein Kunde emotional wird. Im Customer Support eines Versandhauses kleben an vielen Bildschirmen Sticker mit Sprüchen wie «Nicht ich bin gemeint!» «Der Kunde ist sauer, aber nicht auf mich.» «Keine Entschuldigungen – Lösungen!» Wenn man das immer vor Augen hat, wenn mans braucht, reagiert man automatisch richtig.
Reklamationen sind nichts Schlimmes. Im Gegenteil. Sie sind ein Geschenk des Himmels. Denn der Großteil der unzufriedenen Kunden beschwert sich nicht, er schweigt. Nach einer US-Studie je nach Branche zwischen 70 und 86 Prozent der unzufriedenen Kunden. Sie reklamieren nicht, sie wählen andere Reaktionsformen: Sie wechseln zum Mitbewerb und/oder reden über ihre negativen Erfahrungen mit Freunden, Bekannten, Arbeitskollegen. Diese wiederum reden mit anderen Freunden, Bekannten … und wählen den Anbieter möglicherweise gleich gar nicht. Das ist der Multiplikationseffekt der Negativwerbung und des Kundenverlustes. Man sagt, dass der Kundenverlust «ausstrahlt». Der Innendienstleiter eines Elektro-Unternehmens hat deshalb folgende Tafel über dem Großraumbüro anbringen lassen:

Wir sind dankbar für jeden Beschwerdeführer:

1. Statt zur Konkurrenz zu gehen, redet er mit uns. Er ist also weiterhin bereit, unser Gehalt zu bezahlen, wenn wir ihm eine Lösung anbieten können.

2. Er leistet uns einen kostenlosen Service: Er gibt uns die absolut offenste Rückmeldung über Dinge, die wir verbessern oder abstellen müssen. Dafür sind wir ihm dankbar und sagen ihm das auch.
3. Er glaubt noch an uns.

Der Spiegeltest der Einwandsbehandlung

Es gibt übrigens einen einfachen Test, die «Einwandsfestigkeit» eines Verkäufers zu ermitteln. Der Test ist völlig blamagefrei, wirkt aber wie ein Röntgenapparat. Stellen Sie sich einfach vor den Spiegel, schauen Sie sich ins Gesicht, denken Sie dabei an das nächste Kundengespräch und dann sagen Sie sich: «Der Kunde wird Einwände machen!» Ihr Gesicht wird Bände sprechen.
Bei vielen Menschen spricht nicht (nur) das Gesicht, sondern auch das Gefühl: «Wenn ich nur daran denke, wie Kunde Meier wieder herumzicken wird, wird mir schon ganz flau im Magen.» Feuchte Hände, verkrampfter Kiefer, Kopfweh, steifer Rücken … Solange Sie so reagieren, können Sie sich noch viel Gutes tun, indem Sie ein bisschen trainieren. Nicht Ihre Technik, sondern Ihre Einstellung. Die Einwandsbehandlung wird zu achtzig Prozent von der inneren Einstellung und nur zu zwanzig Prozent von der Technik entschieden. Trotzdem arbeiten neunzig Prozent der Verkäufer an diesen zwanzig Prozent. Tun Sies nicht.
Fragen Sie mal Kim, was sie von Einwänden hält: «Das Beste, was mir passieren kann!» Und sie strahlt dabei. Das ist die richtige Einstellung. Diese Einstellung kommt nicht daher, dass man sich in Form eines völlig missverstandenen positiven Denkens ständig vorsagt: «Einwände sind super!» Das glaubt man ja selbst nicht. Eine Einstellung eignet man sich nur dann an, wenn man davon überzeugt ist. Kim weiter: «Ich versuche mit viel R, U und N alle vermeidbaren Einwände zu

vermeiden. Wenn dann trotzdem Einwände kommen, können sie sich nur noch um die Sache drehen. Und das ist doch super! Je mehr Einwände der Kunde macht, desto stärker interessiert er sich für mein Angebot.»

Tatsächlich hat sie mit jenen Kunden, die die meisten Einwände machen, den besten Rapport und den besten Umsatz: «Die wollens ganz genau wissen. Und wenn ich's ganz genau beantworten kann, dann hält sie praktisch nichts mehr davon ab zu unterschreiben.» Denn Einwände bedeuten Engagement. Und wer sich für etwas engagiert, der unterschreibt auch. Also gratulieren Sie sich, wenn der Kunde einwendet: Er ist voll dabei.

Das ist ja gerade das Schlimme an vielen Verkäufern: Der Kunde macht einen Einwand, wills also wissen – und was macht der Verkäufer? Er verzieht das Gesicht und antwortet, als ob er in die Zitrone gebissen hätte. Sieht so eine Belohnung für das Engagement des Kunden aus?

Machen Sie den P-Test (s. Kapitel 2): Was geht in mir vor, wenn ich an Einwände denke? Welche Gedanken behindern mich bei der Einwandsbehandlung? Durch welche Gedanken möchte ich sie ersetzen? Sobald Sie die richtige Einstellung gefunden haben, werden Sie einige Aha-Erlebnisse haben: Die Technik kommt dann von allein. Wer sich auf Einwände freut,

- tanzt automatisch Viertakt. Denn worauf man sich freut, das akzeptiert man auch.
- sucht instinktiv nach der Frage hinter dem Einwand.
- freut sich auch, wenn der Kunde Vorwände macht: Je stärker die Emotion des Kunden, desto stärker die emotionale Energie, die ich für meinen Abschluss nutzen kann.

Einwände können Spaß machen, wenn man sie zu nehmen weiß. Und sie sind eine ungeheure Chance zur Steigerung der Abschlusswahrscheinlichkeit. Ein sicher behandelter Einwand überzeugt den Kunden viel stärker als ein unwidersprochenes Verkaufsargument. Einwände sind keine Bedrohungen. Einwände sind Chancen. Nutzen Sie sie.

«Abschluss ist Abschuss.»
Spruch auf der Schreibtischunterlage eines Verkäufers

«Ein gut gepflegter Kunde ist wie ein gut gepflegtes Auto. Man hat lange Freude daran.»
Harvey Mackay

K wie Kontrakt und Kundenpflege

Wie abschlussstark sind Sie?

Wenn alles besprochen, jedes Argument genannt und jeder Einwand behandelt wurde, naht der Augenblick der Wahrheit: Unterschreibt der Kunde oder nicht? Das ist die Frage aller Fragen. Wie steht es mit Ihrer Abschlusssicherheit?

1) *Wie viele Verkaufsgespräche haben Sie im laufenden Jahr ohne konkreten Abschlussversuch beendet?*
- die meisten
- etwa zwei Drittel
- circa die Hälfte
- höchstens zehn Prozent
- ganz wenige

2) *Wie selbstsicher starten Sie Abschlussversuche?*
- sehr unsicher
- mit Herzklopfen
- einigermaßen sicher
- meiner Sache sicher

3) *Wie entscheiden sich Ihrer Meinung nach Ihre Kunden?*
- rational
- rational und emotional halten sich die Waage
- überwiegend emotional

4) Wann beginnt für Sie die Abschlussphase?

- in Phase K
- in Phase C
- in Phase N
- in Phase U
- in Phase R
- in Phase P

Möchten Sie wissen, wie Sie im Vergleich zum Durchschnitt und im Vergleich zu Topverkäufern liegen? Zum Vergleich:

- Von hundert Verkaufsgesprächen werden im Schnitt siebzig ohne konkreten Abschlussversuch geführt.
- Die Spitzenverkäufer jedes Unternehmens sind sich ihrer Sache immer ziemlich sicher. Sie wissen, wann der Kunde «reif» ist.
- Gerade im Investitionsgüterbereich glauben viele, dass es nur auf «die Fakten» ankommt. Das stimmt nicht. Selbst hier wird zu fast hundert Prozent emotional entschieden. Natürlich müssen die Fakten stimmen – aber kennen Sie einen Einkäufer, der sich für ein Produkt entschied, bei dem er ein ganz schlechtes Gefühl hatte? Wenn die Fakten stimmen – und das tun sie in hart umkämpften Märkten bei allen Produkten – entscheidet das Gefühl. Deshalb ist der Rapport abschlussentscheidend. Und deshalb …
- … beginnt die Abschlussphase nicht erst beim Abschluss, nicht erst während des Gesprächs, sondern schon vor dem Gespräch, in Phase P. Wenn ich zum Beispiel denke «Oje, das wird heute nichts» (P-Faktor Einstellung), kann ich mir den Abschluss abschminken.

Spricht man mit Superverkäufern, die in den aussichtslosesten Situationen noch einen Abschluss hinbiegen, dann kommt oft dabei ans Tageslicht, dass sie den Abschluss gar nicht beim Abschluss hinbogen, sondern viel früher: in der Vorbereitung. Sie stellen sich bereits vor dem Gespräch so gut aufs Gespräch ein, dass sie selbst anscheinend aussichtslose Kisten noch zum Abschluss bringen.

Abschluss oder Kunde – was geht vor?

Diese Zahl gibt einem schon zu denken – und sie gibt vor allem Verkaufsleitern zu denken: Siebzig Prozent aller Verkaufsgespräche beim komplexen Verkauf werden ohne konkreten Abschlussversuch geführt. Da fragt man sich doch: Wozu werden diese Verkaufsgespräche denn geführt, wenn nicht zum Verkaufen? Oder wie ein Verkaufsleiter es ausdrückte: «Ich ahnte ja schon immer, dass fünfzig Prozent der Verkaufsbemühungen für die Katz sind – ich weiß nur nicht, welche fünfzig Prozent.»
Warum reden Verkäufer mit Kunden, ohne abschließen zu wollen? Weil sie Angst vor dem Abschluss haben. Sie haben Angst davor, dem Kunden «das Messer an die Kehle zu setzen». Das verwirrt. Da sitzt dem Verkäufer ein Fuhrparkleiter gegenüber, der wegen einer Geschäftsausweitung dringend fünf neue Kleintransporter benötigt, und der Verkäufer will nicht abschließen, weil er nicht «als Drücker dastehen» möchte. Der Verkäufer lässt den Kunden quasi am ausgestreckten Arm verhungern, weil er nicht übereifrig erscheinen möchte. Wie kommt der Verkäufer auf eine so abwegige Idee? Weil er irgendwo schon einmal dieses Schaubild gesehen hat:

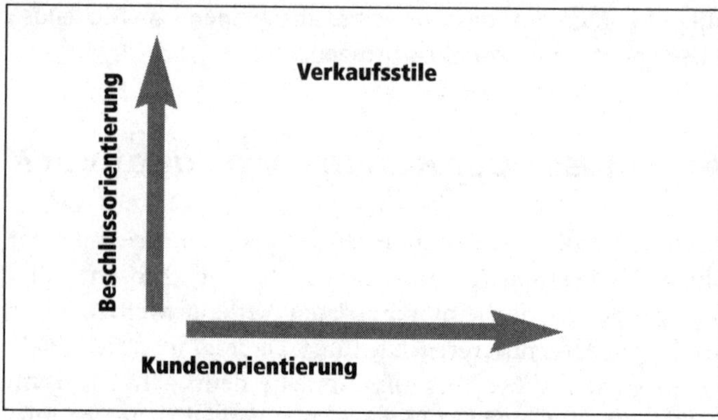

Dieses Schaubild hat eine Menge Unheil im Verkauf angerichtet. Es bildet eine Chimäre ab, ein nicht existentes Fabelwesen, nämlich den Widerspruch zwischen Abschluss- und Kundenorientierung. Diese Darstellung sagt ganz deutlich: Je mehr man das eine will, desto weiter entfernt man sich vom anderen. Je mehr man den Abschluss will, desto stärker schädigt man den Kunden. Je freundlicher man zum Kunden ist, desto eher geht man leer aus. Das ist ein Widerspruch, über den sich trefflich philosophieren lässt. Aber das ist auch schon das Einzige, wozu er gut ist; zum Philosophieren in Editorials von Verkaufszeitschriften. Denn in der harten Realität sieht die Sache ganz anders aus: Da ist kein Widerspruch. Das eine kommt nicht ohne das andere aus.

Wer nur hinter dem Abschluss her ist, behindert sich selbst im Abschluss, weil er als Drücker empfunden wird. Wer den Kunden mit Samthandschuhen anfasst und sich nur auf Bedarfsanalyse (U) und Nutzenargumentation (N) konzentriert, leistet lediglich teure und unbezahlte Beratung, weil der angemessene Zug in Richtung Abschluss fehlt. Es kommt also nicht darauf an, ob man abschluss- oder kundenorientiert verkauft. Es kommt darauf an, dass man beides tut und beides in der richtigen Mischung. Die Balance zählt.

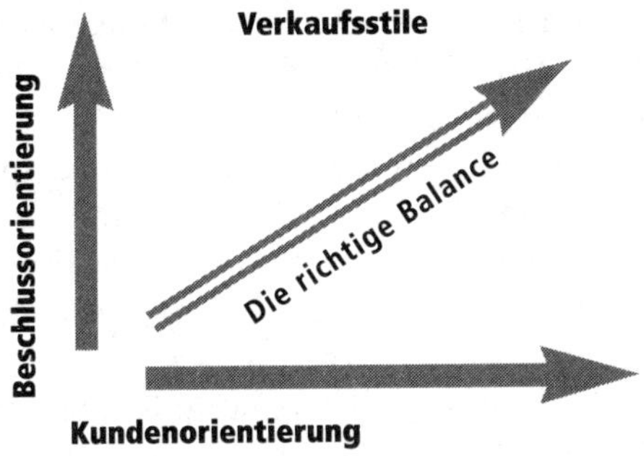

Es macht Spaß, erfahrenen Verkäufern dabei zuzuschauen, wie sie die richtige Balance finden.

Olaf Stahl arbeitet als Bauzeichner und Kundenbetreuer in einem Architekturbüro. Er erzählt: «Drei von zehn Kunden denken, ich sei der Briefkastenonkel. Die rufen mich immer wieder an und haben noch eine Frage und noch eine … Nach dem dritten Anruf sage ich dann: Wissen Sie was? Was Sie von mir gratis bekommen, da zahlen andere Leute Geld für. Geld, von dem ich leben muss. Folgender Vorschlag: Ich berechne Ihnen ab der nächsten Frage ein Beratungshonorar oder Sie geben mir den Auftrag für Ihr Haus, dann gehört die Beratung selbstverständlich dazu. Was darfs denn sein?» Egal, was der Interessent darauf sagt, Olaf Stahl kriegt damit, was er braucht. Entweder mehr Zeit für zahlungswillige Kunden, Beratungshonorar oder einen Auftrag. Und das unterscheidet ihn von vielen seiner Kollegen: «Die sitzen da, lassen sich die Zeit stehlen, beklagen sich lauthals darüber – aber tun nix.» Sie sind zu «kundenorientiert». Obwohl man sich fragen muss, ob man dem Kunden einen so großen Gefallen tut, wenn man seine offensichtliche Entscheidungsschwäche auch noch unterstützt.

Abschluss oder Kunde, was geht vor? Diese Frage stellen sich Verkäufer oft. Soll ich behutsam mit dem Kunden umgehen oder zügig auf den Abschluss zugehen? Diese Fragen stimmen nicht. Sie postulieren einen Widerspruch, den es nicht gibt. Um das zu erkennen, stellen Sie sich doch einfach mal vor, dass Olaf Stahl einem Kunden auch noch die hundertste Frage honorarfrei beantwortet. Ist der Kunde danach glücklich? Vordergründig ja; er bekommt auch noch die hundertste Frage beantwortet. Aber: Wollte der Kunde nicht eigentlich ein Haus bauen? Und wenn es ein typischer Fachhandelskunde ist (vom Fachhändler kostenlos beraten lassen und dann billig im Verbrauchermarkt kaufen): Ist er glücklich damit? Von dem einen Architekten lässt er sich beraten und mit dem anderen baut er sein Haus. Und wenn mitten beim Häuslebau Beratungsbedarf auftaucht? Dann steht er im Regen.

Sie machen Ihren Kunden unglücklich, wenn Sie so «kundenorientiert» beraten, dass Sie ihm den Abschluss vorenthalten. Wenn Sie ihm nicht die Abschlussfrage stellen, kann kein Abschluss zustande kommen. Geben Sie ihm zumindest die Chance auf den Abschluss. Die hat er sich verdient. Was aber, wenn Sie ihm diese Chance geben und der Kunde Nein sagt?

Wenn der Kunde Nein sagt

Der Verkäufer muss die richtige Balance zwischen Abschluss- und Kundenorientierung finden. Wann? Dumme Frage. Natürlich in der Abschlussphase. Erst da? Nein. Eben haben wir gesehen, was passiert, wenn man zu lange in den Phasen R, U und N verweilt: Man wird als kostenloser Berater ausgenutzt. Also sollte man sich schon vor dem Gespräch eine Strategie zurechtlegen:

- Wie bereite ich den Abschluss vor?
- Woran erkenne ich während der einzelnen Gesprächsphasen, ob der Kunde noch abschlussinteressiert ist oder bereits abgeschaltet hat?

- Wie teste ich seine Abschlussbereitschaft?
- Wie erreiche ich die Unterschrift?

Schöne Fragen, schöne Strategie – aber machen wir uns nichts vor: Jeder von uns hat irgendeine Strategie. Nutzt das was? Halten wir uns daran? Nein, und das ist es, was begleitende Verkaufsleiter so in Rage bringt: «Da haben wir eine halbe Stunde lang die Strategie festgezurrt und dann geht der Kerl mitten im Gespräch davon ab!» Weshalb? Wegen der Angst des Stürmers vorm Elfmeter. Die Abschlussangst verhindert oder verzögert den Abschluss. Man fühlt sich unsicher, man möchte nicht als Drücker dastehen und vor allem: Was ist, wenn der Kunde Nein sagt?

Da baut man doch lieber ein bisschen vor, zieht noch eine Schleife, legt noch ein Empfehlungsschreiben vor, geht nochmals auf die überragenden Features ein … Denn: Was passiert, wenn ich «zu früh» frage und der Kunde Nein sagt? Diese Frage stellen mir Seminarteilnehmer in fast jedem Seminar. Meine Antwort darauf: Wenn der Kunde Nein sagt – dann gehts erst richtig los: Der Verkauf ist nicht vorbei, wenn der Kunde Nein sagt. Der Verkauf beginnt erst so richtig, wenn der Kunde Nein sagt!

Der Verkäufer eines Rolladenvertriebs hat dieses Prinzip perfektioniert. In seiner Branche erlebt man viele Absagen. Wenn er also stundenlang verhandelt hat und der Kunde auch nach mehrmaligen Anläufen immer noch bei seinem Nein bleibt, packt der Verkäufer zusammen und geht. An der Tür dreht er sich nochmals um und fragt: «Ich akzeptiere Ihr Nein. Aber jetzt können Sies mir ja sagen: Warum kommen wir nicht zusammen? Ich möchte einfach für meinen nächsten Kunden daraus lernen. Was habe ich falsch gemacht? Was stimmt nicht an meinem Angebot?» Der Effekt ist erstaunlich: Achtzig Prozent der Kunden verraten dem Verkäufer den wahren Grund ihrer Ablehnung. Damit hat der Verkäufer schon gewonnen: wertvolles Feedback über Fehler, die er beim nächsten Kunden garantiert nicht mehr macht.

Dann redet man noch ein bisschen über diese Gründe, und dann unterschreiben fünfzig Prozent der Nein-Kunden – weil sich Dinge klären, wenn man sie beredet. Mit dem Geld, das er allein mit seinen Nein-Kunden verdient, leistet sich der Verkäufer jedes Jahr einen erstklassigen Fünfsterne-Tropenurlaub, alles inklusive.

Checkliste: Wenn der Kunde Nein sagt

Was tun Sie, wenn der Kunde Nein sagt? Es gibt Verkäufer, die nehmen den Kunden beim Wort und suchen schnurstracks das Weite. Dann gibt es Verkäufer,

- die akzeptieren das Nein voll und ganz, aber
  - sie versuchen herauszufinden, ob das ein echtes, endgültiges und unumstößliches Nein ist
  - oder ob es sich dabei um ein Schutz- und Abwehrverhalten handelt, hinter dem ein «Noch nicht» versteckt ist oder ein «Nicht unter diesen Bedingungen»;
- die für diese Unterscheidung zwischen Nein und Noch nicht ein feines Gespür für die Körpersprache des Partners entwickelt haben (s. Checkliste unten);
- die aus dieser nonverbalen Sprache Signale für ein «Noch nicht» ablesen können;
- die sich daraufhin ein Herz fassen, «jetzt erst recht» denken, sich herausgefordert fühlen;
- und die selbstbewusst die Qualität und die Gründe des Neins hinterfragen, bis sie weitere Ansatzpunkte entdecken, an denen sie Nutzenargumente andocken können.

Natürlich hängt dieses Jetzt-erst-recht-Verhalten allein von dem ab, was der Verkäufer an P-Faktoren im Kopf hat. Egon denkt bei einem Nein: «Okay, mir auch recht. Schnell weg hier, damit ich woanders noch einen Abschluss schaffe.» Kim denkt: «Du sagst Nein, aber jetzt lass uns mal gemeinsam nachschauen, woher dieses Nein kommt.» Welche Einstellung ist abschlussträchtiger? Kims Einstellung erinnert uns an den Einwands-Viertakt (s. Seite 150): Man muss selbst das Nein als Einwand werten und es ernst nehmen. Aber Moment mal, nimmt Egon das Nein nicht ernst, wenn er zum Rückzug bläst? Wie viel ernster kann man denn ein Nein noch nehmen? Viel, viel ernster. Denn Egon nimmt das Nein nur vordergründig ernst. Er verhält sich wie ein Vater, dessen Tochter plötzlich kein Eis will, während sie sonst jeden Tag drei möchte. «Okay, dann eben heute nicht.»

Würde das ein guter Vater sagen? Nein, er würde zumindest herausfinden wollen: «Sag mal, was ist los? Bedrückt dich was? Was drückt dir auf die Stimmung?» Zugegeben, wenn der Kunde Nein sagt, ist man als Verkäufer zunächst mal eingeschnappt und fühlt sich – zu Recht – zurückgewiesen. Da macht man sich solche Mühe, bewältigt mühsam jeden einzelnen Einwand, und dann wird es einem mit einem Nein gedankt. Aber ist dieses Gefühl der Ablehnung das Problem des Kunden? Nein. Das ist das Problem des Verkäufers. Das Problem heißt: spontane Rückzugsreaktion. Trainieren Sie sich diese spontane Reaktion ab und legen Sie sich eine neue zu. Bereiten Sie sich geistig auf das Nein vor und legen Sie sich rechtzeitig ein Alternativprogramm zurecht:

Reiz	Spontanreaktion
«Nein!»	«Okay, Abflug.»

Reiz	konstruktive Reaktion
«Nein!»	«Voll akzeptiert. Aber was steckt dahinter?»

Es ist eine Sache, sich auf ein Nein enttäuscht zu fühlen. Es ist eine andere Sache, enttäuscht zu reagieren. Ein Gefühl muss noch kein Verhalten sein. Man muss sich nicht immer so verhalten, wie man sich fühlt. Im Gegenteil. Oft gilt nämlich: Je eher man handelt, wie man fühlt, desto böser erwischts einen. Was macht ein Tennisspieler, der eine «todsichere» Chance verhaut und vor Wut den Tennisschläger wegwirft? Er verhaut auch noch den nächsten Ball. Weil er seine Konzentration weggeworfen hat. Wir kennen diese Trennung zwischen Emotion und Aktion aus der Reklamationsbehandlung. Je aggressiver und persönlicher Spitzenberater von Beschwerdeträgern angegangen werden, desto ruhiger und freundlicher werden sie: «Je aggressiver er ist, desto dringender braucht er mich.» Sie tun genau das Gegenteil von dem, was ein Durchschnittsberater tut. Dieser lässt sich vom Kunden anstecken und von dessen Gefühlen mitreißen: «Na warte, so redest du nicht mit mir!» Spitzenverkäufer haben dieselben Emotionen: «Oh nein, was ist denn nun wieder?» Aber sie können Gefühle von Handlungen trennen. Oder wie die US-Verkäufer sagen: Feelings aren't facts – Gefühle sind keine Fakten. Spitzenverkäufer fühlen sich bei einem Nein genauso enttäuscht, aber sie handeln anders: «Reden wir darüber – weshalb sagen Sie Nein dazu?»

Ein Kundenberater eines Elektrokonzerns hat sich sein individuelles Anti-Nein-Programm gebastelt: «Ich höre oft ein Nein, denn meine Maschinen sind Rieseninvestitionen. Früher habe ich enttäuscht meine Unterlagen zusammengepackt. Seit einiger Zeit habe ich mir ein Mindestziel gesteckt: Wenn der Kunde schon Nein sagt, dann bleibe ich wenigstens so lange und frage so lange, bis ich alle Gründe, Motive und Restriktionen verstanden habe, die hinter seinem Nein stehen.» Verblüffendes Resultat: Manchmal sagt der Berater: «Sie haben Recht. In dieser Situation dürfen Sie gar nicht unterschreiben.» Verblüffendes Resultat Nummer 2: Immer mal wieder ruft einer dieser C-Kunden, dieser «Karteileichen» nach Monaten oder gar Jahren der Funkstille an und knüpft von sich aus ein Gespräch an: «Sie haben damals meine Entscheidung unterstützt, obwohl es gegen Ihre eigenen Interessen war. Das ist für mich Glaubwürdigkeit. Jetzt hätte ich einen Auftrag für Sie.» Merke: Selbst wenn Sie den Abschluss nicht retten können, können Sie den Rapport

retten. Und der Rapport ist ein gezogener Wechsel auf einen künftigen Abschluss.
Was macht Egon? Auch Egon reagiert auf seine Gefühle der Enttäuschung nach einem Nein. Mit Verkauf der verbrannten Erde: «Wenn der Kunde mich nach so und so viel Stunden mit einem Nein abspeist, dann lasse ich ihn auch spüren, was ich von ihm halte. Der soll nicht den Eindruck bekommen, dass er mit mir alles machen kann!» Rache ist Blutwurst. Aber auf verbrannter Erde wächst kein Abschluss mehr. Wieder die P-Faktoren: Wenn man unbedingt seine Rachegelüste ausleben möchte, bitte. Weitsichtigkeit ist ein anderer P-Faktor. Kim setzt ihn ein und geht noch weiter. Sie «impft» den Kunden. Gerade dann, wenn er sich nicht mehr überzeugen lässt und zur Konkurrenz abspringen will.
In diesem Fall dreht Egon verbal richtig durch: «Wenn Sie glauben, dass Sie von denen etwas Vergleichbares bekommen, kann ich Ihnen auch nicht helfen.» Kim impft: «Das kann ich verstehen. Der Mitbewerber hat ein wirklich gutes Angebot. Aber lassen Sie sich das mit der Kapitalverzehrsrate nochmals ganz genau erklären. Ich möchte nicht, dass Sie nach drei Jahren Vertragslaufzeit ein ganz langes Gesicht machen.» Die Impfquote: dreißig Prozent. Drei von zehn Kunden, die eigentlich zum Mitbewerb abwandern wollten, kommen zurück, weil sie das Angebot des Mitbewerbs auf Hinweis von Kim nochmals auf seine Schwachstellen prüften. Und keiner kennt die Schwachstellen des Mitbewerbs besser als Kim.

Der Kunde sagt Nein, meint aber Jein

In der Checkliste eben haben wir unterschieden: Der Kunde sagt Nein und meint Nein. Und: Der Kunde sagt Nein, meint es aber nicht so. Der Unterschied ist beträchtlich. Wenn dieser kleine Unterschied von so großer Tragweite für Ihren Umsatz ist: Wie erkennt man den Unterschied zwischen einem Nein, das Nein heißt, und einem Nein, das Jein bedeutet?

Checkliste: Ist das Nein echt?

Über die Hälfte der Kunden, die Nein sagen, meinen «noch nicht». Wenn Sie das Nein also als bare Münze nehmen, werfen Sie einen Abschluss weg. Der Kunde meint Nein, wenn er Nein sagt, wenn

- er Ihnen dabei offen ins Auge sieht;
- seine Stimme fest, überzeugt, vielleicht sogar etwas bedauernd klingt;
- seine Körperhaltung offen, aufrecht (er ist aufrichtig) und gelöst ist;
- seine Mimik entspannt ist – manche lächeln dabei sogar bedauernd (hat nichts zu verbergen);
- seine Begründung klar, offen und nachvollziehbar ist.

Der Kunde meint «noch nicht» oder Jein, wenn

- er den Blickkontakt scheut;
- seine Stimme stockt, den normalen Tonfall verlässt, er intendierte Fluchtgeräusche wie «hm» oder «tja» verwendet;
- seine Körperhaltung verschlossen, verkrampft ist, intendierte Fluchtbewegungen wie nervöses Schnippen oder Spielen mit Schreibutensilien zu beobachten sind;
- seine Mimik verkrampft ist (man kanns ihm am Gesicht ablesen, sein Gesicht spricht Bände); kurz: wenn seine nonverbalen Signale seine Worte Lügen strafen;
- er fadenscheinige Begründungen anführt, die er auch nicht näher erläutern kann.

Wenn Sie eines oder mehrere dieser Signale beobachten, ist was faul im Staate Dänemark. Der Kunde will Sie loswerden. Was tut ein Normalverkäufer darauf?

Reiz	Reaktion
Kunde sagt Nein, meint Jein	Verkäufer setzt nach: «Ich glaube, Sie sind sich noch nicht ganz im Klaren über unsere Vorteile: ...»

Wie reagiert der Kunde? Er wird noch fadenscheiniger, noch verkrampfter, windet sich noch stärker und bleibt bei seinem Nein. Weshalb? Weil der Verkäufer seinen Einwand nicht ernst nahm:

- Viele Verkäufer meinen, wenn der Kunde Nein sagt, aber Jein meint, könne man sein Nein ignorieren, indem man ihn ganz einfach «überzeugt».
- Richtig ist: Wenn der Kunde Nein sagt, aber Jein meint, muss man ihn behandeln, als ob er Nein meint.

Betrachten wir ein kleines Beispiel mit den zwei üblichen Optionen:

«Tut mir leid, dafür habe ich kein Budget.» Nach diesem Nein geben fünfzig Prozent der Verkäufer auf: «Wenn er kein Geld hat ...» dreißig Prozent denken «Jetzt erst recht» und sagen: «Aber denken Sie doch an die Vorteile ...» Das funktioniert nicht, weil es gegen das Kardinalprinzip der Einwandsbehandlung (s. Kapitel 6) verstößt: Jeden Einwand ernst nehmen. Der Kunde sagt, er hat kein Geld, also muss man darauf eingehen: «Was heißt das konkret?»
«Ja, zum Kuckuck, was schon? Es ist kein Geld mehr da!»
«Das heißt, das Budget ist schon ausgegeben?»
«Nein, es ist verplant.»
«Mit Projekten, die allesamt eine höhere Priorität haben.»
«Ja, nein, also, die Maschine ist schon wichtiger als vieles, was geplant ist.»

«Aber Sie können die Planung nicht mehr umwerfen, auch wenn Sie dabei ein Projekt mit höherer Priorität sausen lassen müssen.»
«Was heißt können, können könnte ich schon, aber für jede Planänderung muss der Vorstand zustimmen!»
«Und der wird nicht zustimmen, wenn Sie ihn bitten.»
«Das würde er schon, aber dieser Aufwand! Die Argumentation, die Präsentation, die Unterlagen ...»
«Kann ich gut verstehen. Was würden Sie sagen, wenn ich Ihnen verspreche, dass Sie für die gesamte Vorbereitung für die Präsentation vor dem Vorstand nur zwanzig Minuten brauchen?»
«Was? Das will ich sehen. Das glaube ich nicht. Das müssen Sie mir beweisen!»
«Mit dem größtmöglichen Vergnügen.»

Viele Verkäufer sind rhetorisch nicht so gefestigt, diesen Dialog zu Ende zu führen. Sie sagen: «Ja, was soll ich denn sagen, wenn der Kunde kein Geld, keine Zeit für eine Demo, keinen Bedarf oder schon einen tollen Lieferanten hat?» Ein Verkaufsleiter sagte daraufhin mal: «Wenn Ihnen darauf nichts mehr einfällt, brauche ich Sie nicht. Dann sind Sie kein Verkäufer.» Das ist hart. Und die Wahrheit ist: Viele Verkäufer sind rhetorisch durchaus gebildet. Aber sie fangen nichts mir ihrer Rhetorik an. Weil in ihrem Kopf Sätze spuken wie: «Nein heißt aus und vorbei.» Dieser Glaubenssatz ist schwer zu knacken. Manchmal helfen die Kollegen: «Interessierts dich eigentlich nicht, herauszufinden, wie viel Zeit der Kunde tatsächlich hat, wenn er sagt, er hätte keine Zeit für eine Demo? Ich meine, hat er pro Monat nicht mal eine halbe Stunde Zeit zur eigenen Verfügung?» Diese Anregung einer Kollegin genügte, um eine festgefahrene Beraterin wieder frei zu bekommen. Sie hat sich jetzt fünf Fragen zum Thema «keine Zeit» zurechtgelegt. Und wenn sie damit durch ist, sehen die Kunden meist ein, wie unsinnig das Argument ist, und geben ihr einen Termin.

Viele Verkäufer geben zu früh auf: Sagt der Kunde Nein, packen sie ein. Sagt der Kunde Nein – bleiben Sie dran! Nicht mit weiteren Argumenten, sondern mit Fragen. Hinterfragen Sie so lange, bis Ihnen klar ist, was das Nein verursacht:

- Was konkret verbirgt sich hinter der Pauschalbegründung des Kunden? «Keine Zeit» zum Beispiel ist pauschal. «Ich habe nur dreißig Minuten pro Woche» ist konkret. Und in dreißig Minuten kann man viel machen.
- Wo konkret liegt also das Hindernis?
- Ist das wirklich ein Hindernis oder ist es das nur für den Kunden?
- Wenn es ein echtes Hindernis ist, was können Sie tun, um es zu beseitigen?
- Welchen Aufwand müssen Sie dazu betreiben?
- Welche Ressourcen brauchen Sie dafür?
- Welche haben Sie davon schon?
- Welche müssen Sie sich beschaffen?
- Ist Ihnen der Auftrag diesen Aufwand wert?

Ein Brauereiverkäufer aus Stuttgart, der schwäbischen Bierhauptstadt, macht für Großkunden sogar eine Betriebsanalyse. Das kostet ihn zwanzig Stunden. Und er hat exakt ausgerechnet, ab welcher Auftragsgröße sich das lohnt. Sagt ein Kleinkunde Nein, lässt er ihn sausen, weil sich da der Aufwand nicht lohnt. Man kann ein Jein auch mal als Nein gelten lassen – wenn man weiß, dass man es sich leisten kann.

Kurz-Checkliste: Wenn der Kunde Nein sagt

Wenn der Kunde Nein sagt,

- voll akzeptieren (Einwands-Viertakt, s. Kapitel 6);
- auf keinen Fall das Nein ausreden wollen (bedeutet: Ich nehme dich nicht ernst);
- auf keinen Fall sofort den Koffer packen, sondern

- hinterfragen, bis die Gründe für das Nein klar und einleuchtend sind;
- zwischen den Gründen Andockstellen für weitere Nutzenargumente finden.

Wenn Sie bereits einige Tipps aus den vorigen Kapiteln anwenden, werden Sie bemerkt haben: Das laufende Kapitel ist relativ überflüssig. Denn je besser Sie die erste Hälfte des Kundengesprächs meistern, desto weniger Probleme gibt es in der zweiten:

Je länger und besser Sie P, R und U machen,
desto
kürzer und besser laufen N, C und K.

Je besser Sie eingestellt sind auf Kunden und Gespräch, je besser Ihr Rapport und je gründlicher Ihre Bedarfsanalyse, desto weniger müssen Sie argumentieren und Einwände behandeln und desto schneller haben Sie den Abschluss. Trotzdem gibt es noch eine Möglichkeit, den Abschluss zu erleichtern und zu beschleunigen: die berühmten Psychotricks.

Die Psychotricks beim Abschluss

Einige werden bereits sehnlich darauf gewartet und sich gefragt haben: Wann kommen endlich die Psychotricks, mit denen man den Kunden dazu bringt zu unterschreiben? Hier kommen sie. Es gibt ganz billige Tricks:

«Unterschreiben Sie hier!»

Den kennt inzwischen jeder Kunde, weshalb er nicht mehr funktioniert. Dann gibt es nicht ganz so billige Tricks. Ein

Kfz-Verkäufer sagt: «Viele kleine Männer kaufen sich als Kompensation ein Cabrio. Das Problem ist: Wenn ein großer Verkäufer dabei steht, fühlen sie sich unbehaglich an ihre den Kauf auslösende Schwäche erinnert. Also setze ich mich immer, wenn ein kleiner Kunde kommt, und lasse ihn stehen. Wenn er in dem Wagen sitzt, setze ich mich auf den Beifahrersitz oder gehe draußen in die Hocke, um die Distanzzone einzuhalten.» Hübscher Trick. Wirkt auch, wie die Kollegen täglich schmunzelnd beobachten. Aber es gibt auch weitaus potentere Tricks.

Bevor wir uns die Erfolgreichsten anschauen, eine Warnung: Diese Tricks funktionieren zuverlässig! Lassen Sie also die Finger davon, wenn Sie nicht im Sinne des Kunden handeln. Wenn ein Kunde wirklich nicht kaufen möchte oder Sie sehen, dass es nicht zu seinem Besten wäre, tun Sies nicht. Lassen Sie den Trick stecken. Es sei denn, Sie tragen gerne die Konsequenzen: Der Kunde lässt sich zwar manchmal manipulieren, bemerkt aber die Manipulation immer, wenn die Wirkung des Tricks nachlässt. Sie sehen ihn nicht wieder, was vielleicht zu verschmerzen ist. Aber Sie sehen auch fünf bis zwanzig andere Kunden nicht (mehr), weil der manipulierte Kunde Negativwerbung macht.

Wenn Sie dagegen spüren und sehen, dass der Kunde eigentlich ganz gerne kaufen und Ihr Angebot ihm wirklich nützen würde, er sich aber selbst im Wege steht, ist die Anwendung eines Tricks manchmal nützlich. Letztlich kommt es nur auf das Ergebnis an: Ist der Kunde auf Dauer glücklich?

Der Veblen-Effekt

Was passiert, wenn der neueste Porsche plötzlich 10.000 DM im Preis gesenkt wird? Der Umsatz bricht ein. In VWL-Lehrbüchern heißt dieser Effekt Veblen- (nach einem berühmten Nationalökonomen) oder auch Prestige-Effekt. Niemand kauft einen Porsche, man kauft das Porsche-Prestige.

Und wenn sich plötzlich jeder Hungerleider einen Porsche leisten kann, ist das Prestige futsch. In Verkaufsbüchern steht als Beispiel für diesen Effekt oft die Story von der Boutique-Besitzerin, die ihrer Angestellten auf einen Zettel schrieb: «Bin heute auf Geschäftsreise. Alles in der grünen Kiste um Ω Preis verkaufen.» In der Kiste waren Ladenhüter, die zum Normalpreis unverkäuflich waren. Als die Chefin am Abend zurückkam, war die Kiste ausverkauft: «Siehste, was ein halber Preis ausmacht.»
«Wie? Halber Preis? Oje, ich konnte deine Handschrift nicht lesen. Ich dachte, das heißt zweifacher Preis!»
Wenn etwas teuer ist, muss es gut sein. Man sagt, der Preis sei ein Qualitätssurrogat. Ein Ersatz für die Qualität. Wenn der Kunde nicht sehen kann, ob das neue Porsche-Getriebe Qualität hat, weil er kein Mechaniker ist, vertraut er auf den Preis: Ist er hoch, muss es gut sein. Man nennt das auch: Shortcut – geistige Abkürzung. Anstatt lang und breit nachzuforschen, ob ein bestimmtes Angebot was taugt, nimmt man einfach die Abkürzung, zum Beispiel über den Preis. Manchmal sind die Kaufentscheidungen so komplex, die Zeit so knapp, die Ablenkungen so stark, die emotionale Erregung so intensiv und die psychische Erschöpfung so tief, dass wir kognitiv nicht in der Verfassung sind, überlegt zu handeln. Wir nehmen ganz unbewusst einen Shortcut. Ob die Entscheidung wichtig ist oder trivial, wir nehmen das Schnellverfahren, die Faustregel. Und werden zur leichten Beute für jeden Verkäufer, der das Shortcut-Prinzip kennt.
Der Verkäufer eines Unternehmens für Halbleiter-Technik beherrscht den Veblen-Shortcut perfekt. Wenn er in Phase U merkt, dass sein Gegenüber stark Wert auf Prestige legt – insbesondere bei Geschäftsführern und Inhabern der Fall – zieht er eine Maschine aus der Tasche, die es eigentlich nicht gibt, die aber 50.000 DM teurer ist als das Standard-Modell: «Ist aber nicht ganz billig. Haben auch nur ganz wenige Firmen. Und wenn Sie dazu noch die Tiefwasch-Extension

nehmen, sind Sie der Einzige in Westeuropa mit einer derart aufwändigen Waver-Behandlung.»

Das ist Prestige pur. Schlägt der Kunde zu, weil das Prestige-Motiv trägt, sagt der Verkäufer zu den Ingenieuren: «Schraubt noch ein paar Leuchtanzeigen drauf, der Kunde braucht das.» Der Witz dabei: Der Kunde braucht das tatsächlich. Sein Werksleiter rauft sich die Haare: «Der kauft die neue Maschine nicht, die wir händeringend benötigen, nur weil die ja jeder hat. Er sucht immer nach dem Besten, Größten, Schönsten!» Es ist problematisch, hier von Manipulation zu reden. Der Kunde kriegt, was er will: ein Produkt mit Preisaufschlag. Mit dem Preisaufschlag wird das Prestige bezahlt. Siehe adidas: Ähnliche Schuhe gibt es auch anderswo. Aber nicht mit den drei Streifen. Diese drei Streifen Prestige sind es manchem wert. Manipulation? Solange ich Leistung für mein Geld kriege, warum nicht?

Manipuliert fühle ich mich allerdings, wenn ich ein teures Produkt kaufe (teuer = gut) und feststelle, dass es ein ganz billiges ist und ich noch nicht mal einen Prestige-Effekt damit erziele. Diese Manipulation ist unethisch. Jedoch: Glauben Sie, ich falle ein zweites Mal herein? Eine schlechte Manipulation schadet dem Kunden. Stärker schadet sie dem Verkäufer.

Der Preis-Shortcut funktioniert auch in die andere Richtung. Da ist es der Schnäppchen-Effekt. Manche Menschen können nicht an sich halten, sobald sie «Sonderangebot» lesen. Siehe Sommerschlussverkauf.

Der Grat zwischen Manipulation (die schief geht) und Nutzenargumentation ist schmal. Selbst gute, seriöse Verkäufer haben oft ein «Schnäppchen» dabei. Ein Bankberater sagt: «Eigentlich ist das Irrsinn. Aber manche Kunden lassen sich wirklich gute, sinnvolle Angebote entgehen, nur weil der Gimmick fehlt. Also sage ich manchmal: Kennen Sie schon unser Schnäppchen? Und dann lege ich ein stinknormales Standardangebot vor, bei dem ein minimaler Kostenpunkt fehlt, der sowieso Verhandlungsmasse ist. Aber Sie sollten mal sehen, wie die Kundenaugen da leuchten: Das sind die Jäger

und Sammler. Es muss eben ein Schnäppchen sein.» Soll der Berater riskieren, dass der Kunde seine Altersversorgung aufs Spiel setzt, nur weil der Berater sich zu fein ist, seinem Angebot eine Schleife mit «Schnäppchen» umzubinden?
Manipulation hat immer zwei Seiten: Wenn sie nicht funktioniert, ist es Manipulation. Wenn Sie funktioniert, hat der Kunde was davon. Wenn ich einem Prestige liebenden Kunden (gegen Preisaufschlag) Prestige biete – ist das Manipulation? Vielleicht. Ist es schlecht? Fragen Sie einen Porsche-Fahrer.

Der Kontrasttrick

Sie kennen vielleicht das kleine Experiment aus der Physikstunde. Man hat drei Schüsseln Wasser: badewarmes, lauwarmes und kaltes Wasser. Die linke Hand legen Sie in das badewarme, die rechte in das kalte Wasser. Dann legen Sie beide in das lauwarme Wasser. Und siehe da, oh Wunder: Während Sie mit der einen Hand schwören könnten, dass das Wasser kalt ist, könnten Sie mit der anderen beschwören, dass es heiß ist – obwohl es ein und dasselbe Wasser ist. Die Moral: Ein und dieselbe Sache wird sehr unterschiedlich wahrgenommen, je nachdem, was als Vergleichsbasis vorausging. Dem Verkäufer fällt dazu natürlich spontan der Preis ein. Wenn man ein und denselben Eimer Wasser kälter erscheinen lassen kann, kann man auch ein und denselben Preis kleiner erscheinen lassen.
Deshalb verkaufen gewitzte Verkäufer zuerst das teure Sakko, bevor sie das Hemd, die Krawatte, die Krawattennadel, die Manschettenknöpfe … verkaufen. Denn im Vergleich zum 800-Mark-Sakko ist eine Krawatte für 120 DM eine Bagatelle. Würde man es andersherum machen, sagt der Kunde doch sofort: «120 Mark für eine Krawatte?» Es gibt Kunden, die sind sehr preisbewusst. Denen stellt man also zunächst ein

völlig überteuertes Produkt vor. Danach erscheint jenes, das man sowieso verkaufen möchte, spottbillig.
Manipulation? Na ja. Wenn der Kunde das Geld wirklich nicht hat, wird er es auch nicht ausgeben. Wenn einer wirklich keine Krawatte braucht, wird er keine kaufen, auch wenn er davor ein Sakko für 1.000 DM gekauft hat. Fragen Sie jeden Einzelhandelsverkäufer. Denn so gut ist kein Trick, dass er dem Kunden etwas anhängt, was dieser nicht will. Das sagen selbst Hypnotiseure: Was der Hypnotisierte nicht wirklich will, das kann ihm auch nicht die Hypnose suggerieren. Im Endeffekt zählt nur das Ergebnis: Wenn Ihr Kunde noch sechs Wochen nach Ihrem Gespräch glücklich ist, mag es zwar Manipulation gewesen sein. Aber möchten Sie dem Kunden deshalb sein Glück vorenthalten? Eine schwierige Frage. Die wirklichen Gefahren der Manipulation liegen nämlich ganz woanders, wie wir gleich sehen werden.

Der Geschenktrick

Sind Sie am Flughafen schon mal den Hare Krishna oder in der Fußgängerzone den diversen Heilsaposteln begegnet? Die schenken Ihnen was. Sie wollen das nicht. Aber ein Geschenk ablehnen? Tut man nicht. Dann bitten Sie die Leute um eine kleine Spende oder bieten Ihnen Bücher zum Spottpreis an. Schlagen Sie ab? Sie wissen ganz genau, was da abgeht: So leicht lassen Sie sich nicht manipulieren! Aber werfen Sie die Blume für fünfzig Pfennig weg? Geben Sie sie zurück? Lehnen Sie die Bücher ab und behalten die Blume? Wenn ja, Gratulation. Sie gehören zu dem einen Prozent der Weltbevölkerung, die das tatsächlich schafft. Wir Normalsterblichen können das nicht. Wir haben das Gefühl, dass es uns innerlich zerreißt, wenn wir das Geschenk nicht erwidern. Man will ja kein Schnorrer sein. Das ist ein inneres Programm, das wir nicht abschalten können.

Deshalb gibt es Werbegeschenke und Kundenprämien. Sie sollten mal sehen, was ein guter Einkäufer zum Geburtstag und/oder zu Weihnachten geschenkt bekommt: Sauna fürs Eigenheim, Abenteuerurlaub, Funkuhr … Die pharmazeutische Industrie lädt Ärzte zu teuren Kongressen in die Südsee ein. Bestechung? Aber nicht doch. Manipulation? Aber hallo, der Kongress ist doch hoch fachlich. Kleine Geschenke erhalten die Freundschaft. Man will ja nicht als Schnorrer dastehen und revanchiert sich mal. Meist völlig unbewusst. Und weil man im Übrigen und sowieso ohnehin vom Angebot dieser Firma überzeugt ist – auch ohne Geschenk! Funktioniert das tatsächlich so einfach? Natürlich nicht.

Gerade an einer Branche, die so erfahren bei der Vergabe von Geschenken ist, sieht man sehr schön, wie Manipulation funktioniert: nämlich gar nicht. Niemals, wenn der Kunde nicht mitmacht. Und er macht nur mit, wenn er selbst was davon hat. Jeder Pharma-Referent, der etwas auf sich hält, hat eine Liste von Ärzten, die sich niemals auf einen Kongress einladen lassen würden, weil sie sich da manipuliert vorkommen würden. Die anderen lassen sich einladen, eben weil sie sich nicht manipulieren lassen. Den Beweis haben in den letzten fünf Jahren die großen deutschen Verlage geliefert. Sie haben allesamt ihre Geschenkpraxis auf Messen eingestellt. Es werden keine Gratisexemplare ihrer Zeitschriften mehr verteilt, weil praktisch keine Abonnements dabei herauskommen.

Alle Pharma-Referenten beispielsweise bieten kostenfreie Probepackungen an. Das nimmt keinen Arzt mehr für die Pharma-Firma ein, weil es jeder tut. Manipulation gescheitert. Wer seine Klientel wirklich «manipulieren» will, macht andere Geschenke. Da gibt es zum Beispiel einen Referenten, der ist ein wandelndes Konjunktur-Barometer. Der kennt jeden Physiotherapeuten mit Namen und Umsatz, der wegen der Gesundheitsreform Bankrott machte. Er kennt sämtliche Tricks, wie andere Therapeuten dem Gesetz ein Schnippchen schlagen. Der Mann macht Umsatz zum Geschenk. Manipulation? Aber sicher! Würde ein Physiotherapeut deshalb eines seiner Produkte einem anderen, besseren vorziehen? «Sind Sie verrückt?», sagt ein Krankengymnast. «Meinen Sie, die Patienten kriegen das nicht hintenrum irgendwie mit? Oder meine Kollegen? Oder die AOK? Aber wenn zwei Produkte vergleichbar sind, kriegt der Mann mit dem besten Service den Zuschlag.» Manipulation? Vielleicht. Service? Sicher.

Eine Variante des Geschenktricks ist das strategische Zugeständnis. Der Shortcut im Kundenhirn läuft folgendermaßen: Wenn einer zurücksteckt, erwidert man die Höflichkeit. Man will ja nicht als Unmensch gelten. Was machen Normalverkäufer? Sie stecken zähneknirschend zurück und warten auf das Entgegenkommen des Kunden. Was tut der Kunde? Der lacht sich eins: «Hey, der lässt sich ja ausnehmen. Wie weit wohl?» Deshalb bieten Spitzenverkäufer strategische Zugeständnisse an. Sie formulieren eine Rahmenbedingung, die der Kunde so nie akzeptieren kann:

«Lieferung in zwölf Wochen.»

«Was? Sind Sie verrückt? Ich brauche das in sechs Wochen!»

«Wie? Sechs Wochen? Wissen Sie, was mir der Produktionsleiter sagt, wenn ich ihm das mitteile? Der reißt mir den Kopf runter! Aber okay, wenn Sies so dringend brauchen: Vielleicht schaffe ich es in, sagen wir, acht Wochen.»

Was tut der Kunde? Er lässt sich breitschlagen und akzeptiert die Lieferzeit, die von Anfang an feststand, die er aber niemals akzeptiert hätte, hätte der Verkäufer nicht zuerst die völlig überzogene Lieferzeit genannt. Hier vereinigen sich der Kontrast- und der Geschenktrick. Was macht der Normalverkäufer? Er fährt den Trick in den Graben.

- Er formuliert die erste Forderung derart überzogen («Mondforderung»), dass der Kunde sofort den Braten riecht.
- Er glaubt selbst nicht, was er da sagt; seine unbewusste Körpersprache verrät ihn.
- Er verstrickt sich in Widersprüche. Seine «Legende» ist nicht glaubhaft.

Der Kunde durchschaut den Trick und reagiert aggressiv, denn er fühlt sich «manipuliert». Warum bringen Spitzenverkäufer diese Technik glaubhaft, während Normalverkäufer dabei durchschaut werden? Weil der Spitzenverkäufer nicht lügt, nicht wirklich manipuliert. Seine erste Forderung entspricht durchaus der Realität, wenn auch einer entfernten: «Wenn der Kunde ans Ende der Warteschlange kommt, dauert das tatsächlich zwölf Wochen.» Natürlich kommt ein so potenter Kunde selten ans Schlangenende – aber es kommt vor. Manipulation? Wenn der Kunde beim Mitbewerb ein vergleichbares Produkt zum vergleichbaren Preis in sechs Wochen bekommt, ja. Das Blöde daran: Wenn er es woanders in sechs Wochen bekommt, warum verhandelt er dann noch? Der Geschenktrick liest sich sehr banal an: Kleine Geschenke erhalten die Freundschaft. Trotzdem macht er vielen Unternehmen große Probleme. Die deutsche Tochter eines US-Software-Konzerns schreibt für ihre Industrie-Software ein Seminar aus. Das tun alle. Sie verlangt dafür Schulungsgebühren. Das tun ebenfalls alle. Der Chef gibt der Sekretärin eine Liste mit 700 Firmenkunden. Keiner bucht. Das ist erstaunlich. Als der Chef verwundert bei einem A-Kunden anruft, sagt dieser: «Was erwarten Sie? Ihr System kostet mich eine halbe Million. Und da sind Sie sich nicht zu schade, mir 500 Mark für ein Kennenlernseminar abzuknöpfen?» Die 500 DM sind im Vergleich zur halben Million vernachlässigbar, der Affront nicht. Was der Chef übersah: Alle Software-Kunden drücken zähneknirschend die Seminargebühren ab, wenn sie die Software bereits gekauft haben. Aber doch nicht, wenn sie sie erst kennen lernen sollen! Da erwartet man ein Gastgeschenk: «Du willst eine halbe Million von mir? Dann zeig deinen guten Willen.» Einer der Produktmanager des Hauses sagte dazu: «Wegen 500 Mark riskieren die da oben einen Millionenumsatz!»

Der Empfehlungstrick

Die älteren Semester erinnern sich noch daran, wie lange es gedauert hat, bis die Menschen sich im Auto anschnallten. Jeder wusste, dass es lebensrettend ist. Jeder wusste, dass ers tun müsste. Aber tat mans auch? Warum so lange nicht? Weil der Mensch nicht auf logische Argumente reagiert. Er hört sie, sie leiten aber nicht seine Handlungen.
Ich konnte vor Jahren meinen Sohn nicht dazu bewegen, ohne Schwimmreifen zu schwimmen. Ein extra für diesen Zweck engagierter Student ebenfalls nicht. Wir wollten die Sache schon aufgeben, da konnte er es eines Tages plötzlich: «Also, ich bin drei Jahre und Tommy auch. Und Tommy schwimmt ohne Ring, also kann ich es auch!» Mein Sohn suchte die für ihn und seine Entscheidung relevanten Informationen bei seinesgleichen. Nicht bei einem Studenten mit 1,80 m Körpergröße.
Ein Verkaufsleiter im Ruhestand erzählte einmal ein ähnliches Beispiel: «Im Ersten Weltkrieg waren wir alle unterernährt. Damit das Schlimmste verhindert sei, sollten wir Kinder Lebertran bekommen. Meine Mutter hatte damals den Laden. Alle Mütter des Dorfes sagten: Was sollen wir tun? Unsere Kinder nehmen das schreckliche Zeugs nicht. Wir können sagen, was wir wollen. Also rief meine Mutter alle Mütter in den Laden, stellte mich auf eine Kiste und gab mir einen Löffel Lebertran. Ich schluckte das Zeug mit Todesverachtung. Dann sagte meine Mutter: Wenn einer der Kleinsten von euch das kann, kanns jeder. Und so war es dann auch.»
Manipulation? Sicher. Was wäre ohne Manipulation passiert? Es gibt eine dünne Linie zwischen Manipulation und Pädagogik. Letztlich entscheidet der Erfolg: Was hat der Kunde dauerhaft davon? Wie fühlt er sich dabei?
Den Faktor der «Überzeugung» bei diesen Beispielen nennt man «soziale Bewährtheit». Gute Verkäufer kennen ihn. Sie haben immer eine Sammlung Empfehlungsschreiben dabei. «Habe ich auch», sagt Egon, «aber das funktioniert nicht

immer so toll.» Warum nicht? Weil Egon im schlechten Sinne des Wortes manipuliert. Er versucht, seine Kunden mit Hilfe von Empfehlungsschreiben über den Tisch zu ziehen. Empfehlungsschreiben von 1,80 großen Kunden – was interessiert das einen metergroßen Kunden? Viele Verkäufer machen diesen Fehler. Sie glauben, dass man mit Empfehlungsschreiben Kunden manipulieren könnte. Kann man nicht. Denn wenn mans falsch macht, funktionierts nicht. Und wenn mans richtig macht, fällt es einem schwer, von Manipulation zu reden:

Checkliste Empfehlungsschreiben

- Nur fünf Prozent der Menschen sind Vormacher. 95 Prozent sind Nachmacher.
- Deshalb lassen sich die meisten Menschen durch die Handlungen anderer besser überzeugen als durch jedes andere Argument. Das Argument «soziale Bewährtheit» sticht besser als Logik.
- Diese anderen Kunden und Handlungen («Vorbilder») müssen jedoch in den wesentlichen Elementen als ähnlich empfunden werden.
- Je unsicherer ein Kunde ist, desto stärker neigt er dazu, sich bei Entscheidungen an den Entscheidungen anderer zu orientieren (Bandwaggon-Effekt: Man springt auf den Waggon auf, auf dem die Musik spielt, auch Trittbrett-Effekt genannt).
- Je mehr Menschen bereits eine bestimmte Entscheidung getroffen haben, desto eher folgt der Kunde ihnen (der Herdentrieb).
- Empfehlungen funktionieren nur, wenn sie nicht «getürkt» sind. Kann der Kunde den Empfehlenden nicht anrufen oder besuchen und die Story nachprüfen, zerstört die Skepsis den Effekt.

Dass Beispiele besser überzeugen als Worte, wussten schon die alten Römer. Sie sagten: Verba docent, exempla trahunt – Worte belehren, Beispiele reißen mit. Und je näher mir das Beispiel ist, desto stärker überzeugt es mich. Trotzdem arbeiten nur ungefähr zehn Prozent aller Verkäufer mit Empfehlungen. Weil neunzig Prozent der Verkäufer damit schlechte Erfahrungen gesammelt haben. Weil ihre Empfehlungen der Kundengruppe A nicht auf die Kundengruppe B passten und sie das nicht bemerkten. Das heißt, sie bemerken den Effekt, aber nicht die Ursache. Kim dagegen hat eine ganze Mappe Empfehlungsschreiben ständig parat. Sortiert nach allen möglichen Zielgruppen, Bedarfslagen, Problemsituationen und Zielwünschen. Manipulation? Kaum. Denn sämtliche Empfehlungen sind nachprüfbar. Und manche Kunden prüfen sie tatsächlich nach. Manipulation wäre es, wenn die Schreiben gefälscht wären. Aber letztlich schadet der Verkäufer sich damit selbst. Denn irgendwie und irgendwann kommt das immer heraus.

Die Ja-Straße zum Abschluss

Es gibt noch eine Menge solcher «Tricks». Zum Beispiel die Taktik der kleinen Menge: «Das ist eine limitierte Auflage. Davon gibt es nur tausend Stück.» Die Kfz-Industrie arbeitet mit ihren Sondermodellen auf der Basis dieser Taktik. Oder die verwandte Taktik der knappen Zeit: «Nur noch bis zum 4.7. lieferbar! Unterschreiben Sie schnell!» Was halten Sie davon? Na ja, wir alle kennen Leute, die sich schon ein Sondermodell zulegten oder die Subskriptionsfrist der neuesten Brockhaus-Enzyklopädie nutzten (so heißt die Taktik der knappen Zeit in der Buchbranche). Diese Tricks bringen durchaus Umsatz. Leider zu beträchtlichen Nachteilen. Denn diese Tricks

- funktionieren nur kurzfristig. Ist das Sondermodell verkauft, liegt das Standardmodell wieder wie Wackerstein im Regal.
- funktionieren eher im Konsumgüterbereich. Oder haben Sie schon mal einen Investor erlebt, der sich von einer Frist ködern ließ? Fristen jucken ihn nicht, er hat seinen eigenen Terminplan.
- können schief gehen: «Von wegen 4.7. Wenn ich das am 15.7. bestelle, kriege ich das auch noch – Sie wollen mich nur ködern!» Bemerkt der Kunde den Trick, fühlt er sich manipuliert.
- machen den Kohl nicht fett. Selbst das beste Empfehlungsschreiben überzeugt einen Kunden nicht, wenn ihn das Produkt nicht überzeugt.

Ein guter Trick kann der Waagschale den entscheidenden Anstoß geben. Aber das Gewicht muss schon vorher drinliegen. Ein guter Trick ist das Führungstor zum 3:2. Aber die beiden ersten Tore müssen vorher schon geschossen sein. Deshalb setzt auch Kim Empfehlungsschreiben ein, verteilt kostenlose Informations-«Geschenke» und arbeitet mit Preiskontrasten. Aber sie weiß, dass die Tricks allein niemals den Gesprächserfolg bringen können. Sie verlässt sich weniger auf die Tricks. Sie verlässt sich beim Abschluss eher auf die Ja-Straße.

Die Ja-Straße entwickelt wie die üblichen Tricks psychologische Wirkung. Ihr entscheidender Vorteil gegenüber den Tricks ist jedoch: Die Ja-Straße funktioniert auch langfristig, immer und immer wieder, weil

- sie nicht als Manipulation empfunden wird, selbst wenn ein Verkäufer sie ungeschickt anwendet und
- sie direkter als die meisten Tricks zum Abschluss führt. Denn das letzte Ja, das der Kunde sagt, besiegelt das Geschäft.

Jeder Kunde hat Prioritäten. Kurz vor dem Abschluss kramt Kim diese priorisierten Nutzenerwartungen nochmals heraus und verknüpft sie mit den im Gespräch herausgearbeiteten Produkten und Produktmerkmalen: «Wir haben gesagt, dass wir Ihre Familie über das Sondervermögen absichern, einverstanden?»
«Ja, das möchte ich unbedingt.»
«Und die Risikostreuung über die Fonds, entspricht das Ihren Vorstellungen?»
«Ja, auf jeden Fall …»

Und so weiter. Kim checkt die einzelnen Prioritäten Punkt für Punkt ab und holt sich jedes Mal ein Ja dazu ein. Sie steigert damit die Kaufbereitschaft bis zu dem Punkt, der für die Unterschrift ausreicht. Wozu der Kunde Ja sagt, das will er auch. Kims letzte Frage ist dann nur noch: «Was brauchen Sie jetzt noch, damit die Sache komplett ist?»
Wenn er noch etwas braucht, wird das nachverhandelt. Wenn nicht, überlegt der Kunde kurz, stellt fest, dass alle seine Wünsche berücksichtigt sind, und unterschreibt. Denn rein logisch gesehen hat er sich selbst in eine «zwingende Situation» manövriert. Wenn er achtmal Ja sagt, kann er beim neunten Mal nicht Nein sagen, wenn es keinen logischen Grund dafür gibt. Die Ja-Straße führt deshalb sozusagen «zwingend» zum Abschluss, wenigstens in neunzig Prozent der Fälle. In den restlichen zehn Prozent ist ein Punkt offen, der nicht im Gespräch geklärt werden kann. Wenn der Kunde zum Beispiel zuerst eine externe Meinung einholen möchte oder muss.
Wenn die Ja-Sraße so einfach und so erfolgreich ist, warum verwendet sie dann nur Kim und Egon (noch) nicht? Weil Egon in den Phasen U und N nicht so gründlich gearbeitet hat wie Kim. Kim weiß, wo die Prioritäten des Kunden liegen, und sie hat sie während der N-Phase auch argumentativ versorgt. Jeder (Problem-)Topf hat praktisch schon einen (Lösungs-) Deckel. Sie muss die geballte Ladung der

Lösungen kurz vor Abschluss einfach nur nochmals in konzentrierter Form am Kunden vorbeitragen. Egon kann das nicht. Denn Egon hat keine Prioritäten erhoben. Er hat Produktmerkmale aufgesagt.

Die Ja-Straße hat verblüffende Effekte. Zum einen sind die meisten Verkäufer verblüfft, wie einfach sie funktioniert: «Man muss nur die Prioritäten des Kunden herausbekommen.» Zum anderen ist verblüffend, dass Kunden die Ja-Straße nicht als Trick wahrnehmen, obwohl es im Grunde einer ist. Doch die Kunden geben Rückmeldungen wie: «Sie beraten einfach gut. Am Ende gehen wir immer wie mit einer Checkliste meine wichtigsten Punkte durch und haken sie ab. Das gibt einfach ein gutes Gefühl. Da weiß ich, dass ich nichts vergessen habe.» Dieses Feedback hat einen Berater eines Finanzinstituts schon dazu gebracht, während des Gesprächs tatsächlich eine Checkliste mit den Kundenprioritäten einzutippen und am Ende auszudrucken: «Das macht mächtig Eindruck. Die Leute sehen plötzlich schwarz auf weiß, was sie vorher nur verschwommen im Kopf hatten.»

Verhandlungen führen

Je komplexer das Produkt, je eher Ihre Kunden Firmenkunden sind, je größer die Investitionssumme und je weniger alltäglich die Kaufentscheidung ist, desto weniger verkaufen Sie. Sie verhandeln. Projekte zum Beispiel werden nicht verkauft, sie werden verhandelt. Leider. Denn die Verhandlungen mit Kunden können selbst erfahrene Verkäufer zur Weißglut bringen:

- Der Kunde will eine Extrawurst nach der anderen.
- Seine Vorstellungen sind völlig unrealistisch, was Preis, Zeit und Qualität anlangt.
- Sie brauchen den Auftrag, aber sie können sich nicht x-beliebig weit verbiegen.

- Was den Kunden wirklich glücklich machen würde, ist zur Preisvorstellung des Kunden praktisch nicht realisierbar. Er will einen Porsche zum Preis eines Golfs.

All das ist völlig normal. Kunden sind so. Wenn Sie irgendwo als Kunde auftreten, verhalten Sie sich im Prinzip genauso: Jeder maximiert seinen eigenen Nutzen. So gesehen ist es zwar verständlich, aber wenig professionell, wenn sich Unterhändler und Verkäufer ständig über die zähen Verhandlungen mit Kunden beklagen. Was sie damit sagen, ist nichts anderes als: «Ich kann nicht verhandeln. Ich kann nicht so gut verhandeln, dass die Verhandlung für mich nichts weiter ist als eine Aufgabe wie jede andere auch.» Es fehlt die Technik, es fehlt die Verhandlungsstrategie. Zum Beispiel die Harvard-Verhandlungsstrategie, hier in für die Bedürfnisse im Verkauf angepasster Form:

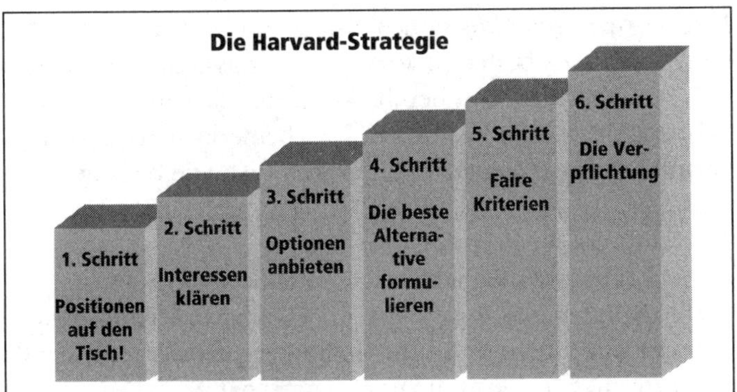

1. Schritt: Positionen auf den Tisch

Verhandlungen führen ist wie Tennis spielen. Wenn man nicht weiß, wie's geht, steht man fluchend und schwitzend auf dem Platz. Ein bisschen Technik hilft bei beidem weiter. Eine gute Technik eliminiert Verhandlungsfallen – eine nach der

anderen. Die erste Verhandlungsfalle ist *Das Große Verhandlungschaos:* «Das ist viel zu teuer.»
«Wir haben bereits scharf kalkuliert.»
«Dann kalkulieren Sie nochmals!»
«Vielleicht, wenn wir einige Leistungspakete rausnehmen?»
«Sind Sie verrückt? Das bleibt so, wie besprochen. Nur der Preis geht nach unten.»
Was ist das? Preisverhandlung? Aber garantiert nicht. Das ist Teppichbazar. Hier wird nicht verhandelt, es wird gefeilscht. Wahrscheinlich endlos und drei Tage lang. Und warum? Weil die Positionen überhaupt nicht klar sind:
«Moment mal, was heißt für Sie viel zu teuer?»
«Wir haben Budget für eine halbe Million.»
«Für die gesamte Maßnahme oder nur für dieses Projekt?»
«Nur für dieses Projekt.»
«Das heißt, außerhalb ist noch Budget vorhanden?» usw.

Erst wenn beide Positionen völlig klar sind, sieht man, worüber man überhaupt verhandeln muss. Und oft klären sich Streitfragen schon bei diesem ersten Schritt. Sind nämlich erst einmal die Positionen klar, bemerkt man, dass man gar nicht so weit voneinander entfernt ist, wie bislang angenommen:

- Klären Sie die Positionen.
- So knapp wie möglich und so detailliert wie nötig.
- Sie können die Positionen an Flipchart, Metaplanwand oder auf einem anderen Medium visualisieren. Es hilft, wenn man die Positionen vor Augen hat.
- Die Entfernung zwischen beiden Positionen definiert den Verhandlungsbedarf.

2. Schritt: Interessen klären

Evchen und Trudchen wollen beide eine Orange. Die Mutter hat nur noch eine. Die Kinder streiten sich, dass die Fetzen fliegen. Schließlich einigen sich beide salomonisch: Die Orange wird geteilt. Guter Kompromiss? Fauler Kompromiss. Denn sobald die Orange geteilt ist, kriegt die Mutti einen Lachanfall: Evchen braucht die Schale ihrer Hälfte fürs Backen, Trudchen macht aus ihrer Hälfte Saft. Man hätte die Orange gar nicht teilen müssen. Dumm gelaufen.

Positionen sind nicht verhandlungsfähig. Denn sobald man über Positionen verhandelt, passiert das, was die Nachrichten jährlich über die Tarifverhandlungen berichten: «Beide Parteien beharrten auf ihren Positionen. Die Verhandlungen wurden ergebnislos abgebrochen.» Irgendwann gehen dann eine Partei oder beide von ihren Positionen ab. Das ist Neandertal-Verhandlungstechnik. Man kann nicht über Positionen verhandeln.

Position 1: «Ich will die Orange!»
Position 2: «Nein, *ich will* die Orange!»
Position 1: «Aber ich habe sie zuerst gesehen!»
Interesse 1: «Ich will damit Kuchen backen.»
Interesse 2: «Und ich will daraus Saft pressen.»

Positionen bezeichnen die Behauptungen, Forderungen, Angebote und offiziellen Standpunkte der Parteien. Positionen sind meist aus Beton gegossen: unveränderlich, starr. Sie erkennen ungeübte Verhandlungspartner daran, dass sie Positionen und Interessen miteinander verwechseln. Dabei ist eine Position lediglich eine von vielen Möglichkeiten, ein Interesse zu befriedigen. Sie ist Mittel zum Zweck. Wer nicht verhandeln kann, macht dieses Mittel zum Zweck, beharrt darauf und verrät seine eigenen Interessen. Evchen und Trudchen haben beide ihre Interessen für eine halbe Orange verraten.

Natürlich gibt es Kunden, die sich so kindisch wie Evchen und Trudchen verhalten. Sie beharren auf Positionen, anstatt ihre Interessen zu wahren. Sie sind eher bereit, ein schlechtes Geschäft zu machen, als von ihrer Position abzugehen. Lassen Sie sie. Mit den anderen verhandeln Sie über Interessen. Ein Streit geht immer um Positionen, eine Verhandlung um

Interessen. Wenn Sie Gelegenheit haben, einen Verhandlungsfuchs zu beobachten, werden Sie feststellen, dass diesem die Positionen zunächst schnurzegal sind. Er sucht nach den eigentlichen Interessen, Wünschen, Bedürfnissen und Befürchtungen hinter den Positionen, und zwar

- bei der Gegenseite, aber
- auch bei sich selbst und
- auch bei anderen mittelbar oder unmittelbar Betroffenen.

Positionen sind austauschbar. Interessen nicht. Fragen Sie also nicht, was der Kunde will, sondern wozu er es will:

Position	«Das muss billiger werden!»
Interesse	«Wir müssen an allen Ecken und Enden sparen.»
Tiefer liegendes Interesse	«Unsere ganze Projektgruppe steht zur Disposition!»
Relative Bedeutung	sehr hoch: 100 Punkte

Suchen Sie immer das Interesse hinter der Position. Dann suchen Sie das (tiefer liegende) Interesse hinter dem Interesse. Und dann dessen relative Bedeutung. Sie können diese relative Bedeutung zum Beispiel nach einer 100-Punkte-Skala bewerten. Wenn Sie nicht sicher sind, ob Sie eine Position oder ein Interesse vor sich haben, fragen Sie sich: Gibt es mehr als eine Möglichkeit zur Befriedigung dieses Wunsches? Wenn ja, ist es höchstwahrscheinlich ein Interesse. Bringen Sie die identifizierten Interessen in eine Rangfolge. Dann können Sie später sehen, auf welche Interessen man nötigenfalls verzichten und auf welche Sie auf keinen Fall verzichten können, wenn Sie möchten, dass der Kunde Ihren Vorschlag akzeptiert.

Übrigens, gewiefte Verhandler klären die Interessen nicht während, sondern vor dem Gespräch; nämlich ihre eigenen: Was will ich überhaupt mit dem Auftrag? Ist es primär die

Auftragssumme? Oder brauche ich es als Vorzeigeprojekt? Oder erwartet das mein Chef? Welche Interessen muss ich unbedingt wahren? Von welchen kann ich abrücken? Ein typischer Interessenverrat ist das Hereinnehmen «schlechter» Aufträge. Jeder kennt diese. Sie machen mehr Ärger, Aufwand und Kosten, als sie wert sind. Warum nehmen wir sie dann herein? Weil wir glauben, dass das Hauptinteresse «Umsatz» sei. Der Chef dagegen meint: «Umsatz, aber nicht um jeden Preis», und der Chefcontroller sagt: «Umsatz? Nein, Deckungsbeitrag.» Die eigenen Interessen sind nicht geklärt, deshalb verhandelt man schlecht. Daher sagten wir oben: Auch die Interessen der mittelbar und unmittelbar Beteiligten klären.

Sie müssen also Ihre eigenen Interessen und die Ihrer Vorgesetzten kennen. Das gibt Ihnen großen Spielraum beim Verhandeln: Sie müssen nicht auf Positionen beharren, deren tiefer liegende Interessen auch gut über andere Positionen erreichbar sind. Und Sie können Ihrem Verhandlungspartner viel flexibler andere Positionen anbieten, indem Sie den Zauberspruch sagen:

«Das ist Ihr Hauptinteresse? Aber dazu brauchen wir doch nicht ... (Position). Das können wir doch auch anders erreichen.»

Diese anderen Möglichkeiten zeigen Sie jetzt auf.

3. Schritt: Optionen anbieten

Jetzt wissen Sie auch, weshalb manche Kunden derart halsstarrig sind. Seien Sie froh darüber. Sie verstehen nämlich weniger von Verhandlungstaktik als Sie. Diese Kunden rücken nur deshalb nicht von ihrer Position ab, weil sie immer noch glauben, dass sie ihre Interessen nur mit dieser einen Position wahren können: «Preis runter!» Solche Kunden verwechseln Position mit Interesse.

Zeigen Sie ihnen, dass es viele Möglichkeiten gibt, ihre Interessen zu wahren. Zeigen Sie ihnen nicht nur eine einzige. Da fühlen sie sich wieder nur eingeengt, manipuliert, unter Druck gesetzt. Eine Option ist immer ein Zwang, zwei sind ein Dilemma, bei drei fängt die Wahlfreiheit an. Je mehr Optionen Sie entwickeln, desto eher haben Ihre Verhandlungen Erfolg. Je mehr Optionen Sie aufbauen, desto eher bringt eine davon die beiden widerstreitenden Interessen in Einklang miteinander. Je größer die Auswahl, desto leichter fällt die Wahl. Nützlich ist es, wenn Sie sich (und gegebenenfalls dem Verhandlungspartner) diese Optionen bildhaft vor Augen führen:

Meine Interessen	**Mögliche Optionen**	**Interesse der Gegenseite**
Preis auf jeden Fall halten	Zahlung stunden	Kosten sparen
	Schulungen honorarfrei	
	Service aus Lieferrechnung	
	…	
	…	

Sie werden feststellen, dass «Preisnachlass» nicht unter den Optionen ist. Es ist bekannt, dass Spitzenverkäufer viel weniger und seltener Preisnachlässe geben als Normalverkäufer. Warum? Weil Spitzenverkäufer viel kreativer beim Finden und Aufbauen von alternativen Optionen sind. Normalverkäufern fällt relativ schnell nichts mehr ein, weshalb man eben mit dem Preis runtergeht und schutzbehauptet: «Der Preis ist das Einzige, was zieht! Der Mitbewerb ist auch viel billiger. Die Kunden drücken immer so auf den Preis.» Spitzenverkäufer lassen sich mehr einfallen: P, R, U, N, jede Menge Optionen …

Verhandlungsprofis pokern übrigens mit offenen Karten: Sie legen ihre Interessen offen auf den Tisch, zum Beispiel in Form der obigen Tabelle. Das ist nicht immer angeraten. Aber wenn der Partner ernsthaft verhandelt und nicht bloß feilscht, erzielt man mit dieser Offenheit eine Steigerung der eigenen Glaubwürdigkeit.

Das ist ein großer Verhandlungsvorteil gegenüber Mitbewerbern, die ängstlich auf ihrer Position beharren, weil sie glauben, Betriebsgeheimnisse zu offenbaren, wenn sie ihre Interessen auf den Tisch legen. Solche Leute erkennt man meist schon am Sprachgebrauch. Sie verhandeln mit «Kunden», «Firmen», der «Gegenseite» oder «Meier von der ABC KG». Verhandlungsprofis nennen das lieber: Verhandlungspartner. Worte steuern Verhalten: Einen Partner behandelt man partnerschaftlich. Man versucht, seine Interessen zu sehen und zu wahren und ihn nicht mit billigen Tricks über den Tisch zu ziehen, die das Gegenteil bewirken, wenn er merkt, dass er manipuliert wird.

4. Schritt: Die goldene Alternative

Wenn Sie Ihre Optionen vor dem Verhandlungspartner ausgebreitet haben, kann dieser sich eine davon auswählen. Er kann, er muss nicht. Wenn seine und Ihre Interessen zu unterschiedlich sind, kann die Verhandlung in eine Sackgasse geraten. Sie kennen das: Sie können dem Kunden vorschlagen, was Sie wollen, er schwenkt nicht um. Was muss ich mir denn noch einfallen lassen?

Das ist die falsche Frage. Wenn Sie mit aller Macht versuchen, den Kunden zu überzeugen, riecht dieser den Braten: «Aha, er braucht den Abschluss unbedingt. Also kann ich ihn noch weiter herunterhandeln.» Sie kennen das dicke Ende: Wenn man einen Auftrag zu sehr will, bekommt man ihn am Ende auch – und bereut es. Denn es ist ein schlechter Auftrag, weil man sich zu weit hat herunterhandeln lassen, weil man zu viele Zugeständnisse gemacht hat. Man hat vergessen, rechtzeitig abzuspringen und die Reißleine zu ziehen.

Der Augenblick zum Absprung aus einer Verhandlung kommt immer dann, wenn Sie eine ganze Palette Optionen anbieten und der Kunde immer noch ablehnt. Aus welchen Gründen auch immer. Vielleicht sind seine und Ihre Interessen zu unterschiedlich. Vielleicht will er nur feilschen. In diesem Augenblick brauchen Sie Ihren Fallschirm. Diesen Fallschirm können Sie nur benutzen, wenn Sie ihn vorher gefaltet und gepackt haben. Also überlegen Sie sich schon vor Verhandlungsbeginn: *Was ist meine beste Alternative zur Verhandlung?*

Was werden Sie tun, falls Sie sich nicht mit dem Kunden einigen können? Dies ist Ihre Alternative. Die Verhandlungsalternative ist eine andere Möglichkeit jenseits der konkreten Verhandlungen mit Partei X. Dazu müssen Sie Ihre Interessen kennen, zum Beispiel: «Ich muss unbedingt mehr Firmenkunden in meinem Portfolio haben.» Falls es mit Kunde X nicht klappt, lautet Ihre Alternative: «Ich bearbeite die Firmen Y und Z.» Sie können Ihre Interessen immer auf zwei Arten wahren: durch einen Verhandlungserfolg mit Kunde X oder durch eine Alternative zu den Verhandlungen. Zu jeder Verhandlung gibt es Alternativen. Ach ja?

Viele Verkäufer sagen: «Es gibt keine Alternative. Ich brauche den Auftrag.» Deshalb kriegen sie ihn nicht oder nur zu Konditionen, die sie bereuen. Weil sie verkrampfen. Verkrampft verkauft schlecht. Vertrauen Sie auf die alte Verkaufsweisheit: Es gibt immer Alternativen. Oder wie Egon sagt: *There are many ways to skin a cat.* Vielleicht muss ich dazu erst 300 neue Adressen zukaufen, vielleicht muss ich mir meine Karteileichen nochmals anschauen, vielleicht sollte ich mir endlich überlegen, wie ich auch an die unsympathischen Kunden herankomme, vielleicht sind diese Alternativen allesamt wenig attraktiv – aber es gibt sie. Und man kann sie attraktiver machen. Überlegen Sie vor jeder Verhandlung: Was sind meine Alternativen? Versuchen Sie, mehr als eine zu finden. Denn nur eine ist auch wieder ein Zwang, zwei sind ein Dilemma, erst bei drei erleben Sie die Freiheit der Wahl. Dann entscheiden Sie für sich: Welches davon ist die beste Alternative?

Diese Alternative nennen Sie: *Beste Alternative zum ausgehandelten Abkommen.* Halten Sie sie geistig und besser noch schriftlich fest. Sie ist Ihre Benchmark. Messen Sie daran den Erfolg Ihrer Verhandlungen. Wenn dieser Erfolg voraussichtlich nicht besser ist als Ihre beste Alternative, dann lohnt sich die Verhandlung nicht. Dann können Sie in aller Ruhe aussteigen. Das müssen Sie sogar. Das ist man sich selbst schuldig.

Im Grunde machen wir das ständig automatisch: an die Alternative denken. Egon sagt oft: «Nö, diesen Kunden muss ich nicht besuchen, das muss ich mir nicht antun, da läuft woanders mehr.» Ganz unbewusst zieht er geistig den Vergleich und entscheidet sich für die beste Alternative. Das Problem daran ist nur: Unter Stress und unter Verhandlungsdruck bricht dieses unbewusste Vergleichsprogramm zusammen. Sie merken das immer dann, wenn Sie in Verhandlungen sitzen und sich unbehaglich dabei fühlen. Dann fehlt Ihnen die Alternative. Dann muss das unbewusste, ausgeschaltete Programm durch das bewusste Programm, das wir eben betrachtet haben, ersetzt werden. Wenn Sie also das Gefühl haben, dass Verhandlungen an einem toten Punkt angelangt sind oder nicht entscheidend weiterkommen oder Ihnen der Druck zu groß wird, lösen Sie sich geistig aus der Verhandlung und basteln Sie sich ganz bewusst zuerst mal Ihre beste Alternative. Damit kommen Sie aus der verzwickten Kiste raus. Entweder nutzen Sie Ihren Fallschirm oder der Gedanke an den Fallschirm macht Sie so locker, dass Sie doch noch Verhandlungserfolg haben.

Dieser Fallschirm ist nämlich die beste Motivation für eine Verhandlung. Denn Sie wissen: «Der kann nicht alles mit mir machen. Bis hierher und nicht weiter. Geht er weiter, steige ich aus und nutze die Alternative.» Dieses Wissen gibt ungeheure Verhandlungssicherheit. Sie müssen nicht mehr Erfolg haben, Sie haben ein Ass im Ärmel. Der Druck ist weg. Und ohne Druck verhandelt man gleich doppelt so gut. Man macht keine unnötigen Zugeständnisse, die man sich nachher als Verhandlungsfehler vorhalten lassen muss: «Warum haben Sie da nachgegeben? Das war unnötig!»

5. Schritt: Faire Kriterien

Es ist kaum zu glauben. Doch an jenem Punkt, an dem man es am wenigsten vermutet, werden die meisten Verhandlungsfehler begangen: ausgerechnet beim Ergebnis. Man sollte meinen, dass von allen Vertragsparametern das Ergebnis am klarsten definiert wird. Das mag für den Consumer-Bereich gelten: Wenn man einen Ford Fiesta will, kriegt man auch einen Ford Fiesta. Im komplexen Verkauf ist das Verhandlungsergebnis jedoch selten so eindeutig (gemacht worden). Was heißt zum Beispiel «betriebsfertige Lieferung der Turbine»? Ist die Schulung der Bedienungsmannschaft im Lieferumfang enthalten? Der Kunde sagt selbstverständlich Ja, der Anbieter ebenso selbstverständlich Nein. Sind die Nachbesserungen nach Probelauf on site (am Lieferort) enthalten? Ja hier, Nein da.
Wenn ein Manager also klagt: «Dieser Kunde! Stellt laufend Nachforderungen!», heißt das übersetzt: «Ich kann nicht verhandeln! Bitte kürzt mein Gehalt!» Spaß beiseite: Dieser ständige Streit darüber, was unter bestimmten Vertragsteilen gemeint ist, ist nach Vertragsschluss praktisch nicht mehr zu klären. Nehmen wir den Vertragspunkt Schulung:
«Leute, wenn euer Team nach drei Tagen Schulung die Turbine nicht bedienen kann, können wir doch nichts dafür!»
«Hört mal, von den drei Tagen hatten wir nur zwei, weil die Turbine eine Störung hatte!»
«Können etwa wir was dafür? Das war ganz klar ein Bedienungsfehler!»
Man streitet sich so lange, bis das Klima verdorben und der Nachfolgeauftrag gefährdet ist und eine der beiden Seiten

einen faulen Kompromiss schließen muss. Das kommt davon, wenn man bei der Vertragsverhandlung das Wichtigste vergisst. Wenn man nicht genau festlegt, wann der Vertrag als erfüllt gilt, gibt es immer einen, der behaupten wird, dass er noch nicht erfüllt ist. Als Lösung funktionieren hier nur faire Standards, objektive Kriterien, möglichst quantifizierte Zieldefinitionen. Legen Sie von vornherein fest, wann das Ziel als erreicht gilt:

- Je weniger quantifizierbar das Ziel ist (sog. soft facts), desto stärker sollten Sie sich bemühen, es zu quantifizieren.
- Es ist egal, welches Messverfahren Sie dazu benützen – es sollte nur von beiden Seiten vereinbart werden und eindeutige Ergebnisse liefern.
- Je eher ein Vertragspunkt nach Ihrer Erfahrung später zu Problemen und Streitigkeiten führt, desto stärker sollten Sie mit fairen Kriterien vorbauen.
- Diese Kriterien sollten immer gemeinsam vereinbart und dann schriftlich festgehalten werden (sonst erinnert sich jener Partner nicht mehr daran, welcher aus dem «Vergessen» Vorteile zieht).

Es lassen sich für jedes Ziel faire Kriterien finden. Fair heißt: Beide Seiten können sie ohne Vorbehalt unterschreiben. Keiner fühlt sich übervorteilt. Der Turbinenhersteller von eben hat das Problem so gelöst: Besteht die Bedienermannschaft einen von beiden Seiten gemeinsam konzipierten Praxistest, ist jede weitere Schulung honorarpflichtig. Das ist beileibe keine wasserdichte Regelung. Doch beide Seiten finden sie fair.

6. Schritt: Die Verpflichtung

Viele Verkäufer bereiten sich auf eine Verhandlung vor, indem sie sich fragen: Wie fange ich an? Wie packe ichs an? Wie breche ich das Eis? Verhandlungsprofis beginnen am Ende: Wohin soll die Verhandlung führen? Was will ich damit erreichen? Welche Verpflichtungen will ich eingehen (in Abgrenzung zu jenen, die ich nicht eingehen will, zum Beispiel 100 Prozent Rabatt zu geben)?

Eigentlich ist dieses Vorgehen ganz logisch: Erst braucht man ein Ziel, dann kann man sich Gedanken über den Beginn einer Verhandlung machen. Man fasst also ein Ziel und plant dann rückwärts (retrograd) alle Schritte bis zu dessen Erreichung. Übrigens: Sich ein Ziel zu wählen ist nicht dasselbe, wie sich auf eine Verhandlungsposition zu versteifen. Die folgende Checkliste hilft Ihnen dabei, ausgehend von Ihrem Verhandlungsziel die einzelnen Schritte bis zu dessen Erreichung zu planen.

Checkliste: Verhandlungen planen

A. Inhalte der Verhandlung:

- Der allgemeine Zweck der Verhandlung:

....

....

....

- Ich strebe folgendes Verhandlungsergebnis an (meine Verpflichtung, mein Ziel):

....

....

(Wenn Sie eine Art Pflichtenheft haben oder viele Punkte zur Verhandlung stehen, kann diese Verpflichtung mehrere Seiten Papier in Anspruch nehmen.)

- Das spezifische, konkrete Ziel der nächsten Besprechung (für Planungsprofis: das ist die Planung der so genannten Baby-Steps, der heruntergebrochenen Ziele):

....

....

B. Planung der Schritte bis zum Abkommen:

Dies sind die entscheidungsberechtigten Verhandlungspartner:

....

....

- Wer führt die einzelnen Teile des Abkommens aus?

....

....

- Mögliche Hindernisse bei der Umsetzung des Abkommens:

....

....

- Möglichkeiten, diese Hindernisse zu überwinden:

....

....

C. Terminplanung

1.	Vorläufige Übereinkunft über einzubeziehende Verhandlungspunkte	....
2.	Klärung der Interessen bei jedem dieser Punkte	....
3.	Diskussion der Optionen zu jedem Punkt	....
4.	Mein Entwurf des Rahmenabkommens	....
5.	Gemeinsamer Arbeitsentwurf	....
6.	Endversion zur Unterzeichnung bereit	....

K wie Kundenpflege

Kundenpflege ist ganz wichtig. Deshalb werden zu Weihnachten auch Werbe- und Treuegeschenke verteilt. Und vor wichtigen Vertragsabschlüssen. Was halten Sie davon? Das ist keine Kundenpflege, das ist Bestechung. Bestechung funktioniert. Ohne Zweifel. Leider funktioniert sie nicht langfristig und nicht zuverlässig. Denn irgendwann hat der Kunde es satt, dass er seit neuestem zwar eine eigene Sauna im Haus, aber keine zufrieden stellenden Produkte im Betrieb hat. Außer-

dem muss man beim nächsten Mal die Sauna überbieten. Und drittens sind es entgegen der herrschenden Meinung nur wenige, die sich bestechen lassen.
Bei wie vielen Ihrer Kunden macht ein hübsches Werbegeschenk eine schlechte Beratung wett? Sind Ihre Kunden wirklich so einfältig, dass Sie sie bei der Verhandlung knallhart über den Tisch ziehen können und danach ihre Frustration mit ein paar Glasperlen beschwichtigen können? Viele Verkäufer glauben das. Sie

- wirken unsympathisch auf den Kunden (P);
- verwenden bei der Beratung die tollsten Rapportkiller (R);
- interessieren sich kaum für den Bedarf des Kunden (U);
- argumentieren mit Merkmalen statt mit Nutzen (N);
- bürsten deren Einwände ab (C) und
- bringen sie bei Vertragsabschluss in eine Verlierer-Gewinner-Situation (K)
- und glauben dann, dass der Kunde ihnen das alles sofort verzeiht, wenn sie ihm zu Weihnachten eine Kiste Portwein schicken.

Das ist Unfug. Vergessen Sie diese Art Kundenpflege. Je schneller, desto besser. Die beste Kundenpflege ist immer noch ein zufriedener Kunde. Kundenpflege funktioniert, wenn der Kunde wieder kommt, und zwar um zu kaufen, nicht um zu reklamieren. Sie müssen keine «Kundenpflege» betreiben, wenn Sie den Kunden so behandeln, dass er wieder kommt: fair. Er fühlt sich fair behandelt, wenn er den Kauf nicht zwei Tage nach Unterschrift bereut. Der berühmte *Buyers Remorse,* auch *Post Decision Dissonance* oder Kaufreue genannt, ist Ihr größter Feind und der eigentliche Grund, weshalb alles von Kundenpflege spricht. Wenn der Kunde den Kauf bereut, hilft alle Kundenpflege der Welt nichts mehr. Also sorgen Sie dafür, dass er ihn nicht bereut. Geben Sie ihm in keiner der Verkaufsphasen eine Gelegenheit dazu. Wenn Sie

- es schaffen, authentisch und sympathisch auf den Kunden zu wirken;

- einen bruchsicheren Rapport zu ihm aufbauen und während des ganzen Gesprächs immer wieder testen und ausbauen;
- so lange Sherlock Holmes spielen, bis Sie seine tiefsten Bedürfnisse erkennen;
- ihm dann exakt auf diese Bedürfnisse Ihr Angebot maßschneidern;
- jeden seiner Einwände bis zur letzten Konsequenz durchsprechen;
- bei Vertragsschluss nur noch Jas und keine Neins bei ihm abfragen,

hat er keine Gelegenheit, den Kauf zu bereuen. Er ist bestens gepflegt. Und an einem gut gepflegten Kunden haben Sie lange Freude.

Wie sieht Kundenpflege in der Praxis aus? Egon sagt: «Moment mal, ich muss noch schnell einen Kunden pflegen und den Meier anrufen.» Also ruft er ihn an und redet fünf Minuten übers Wetter, die Familie, die Politik. Egon legt auf und sagt: «Wieder einen gepflegt.» Der Kunde legt auf und sagt: «Da hat mich wieder einer gepflegt. Der hat keine Ahnung von unseren Geschäftszielen, er berät wie der letzte Etrusker, aber er ruft jeden Monat einmal an.» Kim sagt: «Ich mache keine Kundenpflege. Ich behandle jeden Kunden in jeder Minute meiner Verkaufs- und Beratungsgespräche so, dass er gerne wieder kommt. Dann muss nämlich nicht ich ihn hinterher anrufen, um das zu reparieren, was ich vorher kaputtmachte. Dann ist er es, der mich anruft, um mehr davon zu kriegen.»

«Arbeit sollte mehr Spaß machen als Spaß.»
Tom Peters

«Wenn man jeden Fehler bereut, lernt man nichts. Aber wenn man über Fehler staunen darf, dann macht Lernen sogar Spaß.»
Don Baker

Viel Spaß noch

Zwischen den Phasen springen

Es gab mal ein Verkaufsschema, das hieß AIDA:
Attention
Interest
Desire
Action
Das Schema war im Grunde ganz logisch. Man kann niemandem etwas verkaufen, der einem nicht zuerst seine Aufmerksamkeit schenkt. Man muss sein Interesse wecken, damit er zuhört. Um zu kaufen, muss er einen Kaufwunsch entwickeln. Und dann muss man ihm Gelegenheit geben, den Wunsch in eine (Kauf-)Aktion umzusetzen. In der Praxis sah das dann so aus: «He, schauen Sie mal her! Neu, toll, quadratisch, praktisch!»
«Damit bürsten Sie doppelt so schnell wie früher!»
«Hätten Sie das nicht auch gerne?»
«Unterschreiben Sie hier!»
Und dann waren einige Verkäufer doch tatsächlich enttäuscht, dass das nicht funktionierte. Ein Phasenschema ist ein Hilfsmittel wie ein Hammer auch. Es ist nützlich, einen Hammer zu haben. Aber vom Hammer allein hängt sich das Bild nicht auf. Der Hammer ist kein Wundermittel. Wenn man zum Verkaufen einfach nur ein Wundermittel bräuchte, könnte es jeder. Doch selbst ein so einfaches Instrument wie

einen Hammer muss man bedienen können, wie jeder weiß, der damit schon mal den eigenen Daumen traf.

Das PRUNCKStück funktioniert. Immer dann, wenn man weiß, auf welcher Seite man den Hammer halten muss. Das heißt, dass man sich zum Beispiel nicht sklavisch an die Phasen festklammert. Nach N kommt eben nicht immer C. Wenn ich merke, dass ich den Kunden bei der Nutzenargumentation verliere, muss ich mitten aus N schnell nach P zurückspringen und den P-Check machen: Was mache ich (unbewusst), dass er gerade zumacht? Vielleicht muss ich nochmals nach U zurück: Meine Bedarfsanalyse ist unvollständig. Die Übergänge zwischen den Phasen sind fließend. Meist springt man in einem Kundengespräch mehrmals zwischen den Phasen hin und her. Besonders lustig ist das nicht. Vor allem, wenn man mitten in K steht, den Kuli schon bereithält und dann Feedback vom Kunden bekommt, das darauf hinweist, dass man tatsächlich in Phase U einen wichtigen Bedarf übersehen hat. Also zurück das Ganze.

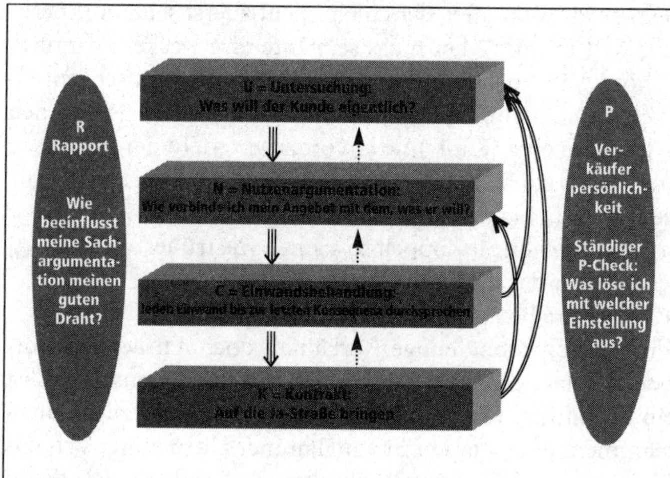

Die Stimme des Verkäufers

Das PRUNCKStück bewährt sich seit Jahren in der Verkaufspraxis. Bei Verkäufern und Beratern aus Industrie, Handel, Banken, Versicherungen, großen Konzernen und Mittelständlern. Wobei die Verbreitung nicht viel bedeuten muss. Entscheidend ist – wie beim Verkauf auch – was der Rezipient damit anfangen kann. Lassen wir die Leute sprechen. Oder wie es auf Neuhochdeutsch heißt, hier einige Testimonials:

«So ein Schema gibt vor allem Sicherheit. Ich weiß im Gespräch immer, wo ich stehe. Das verhindert, dass, wie früher öfter der Fall, der Kunde mir die Gesprächsführung aus der Hand nimmt und meine Zeit stiehlt.»
«Vor allem der P-Check ist gut. Ich schaue permanent nach: Was geht in meinem Kopf vor? Stehe ich mir etwa selber im Weg? Welche Reaktionen provoziere ich gerade beim Kunden?»
«Die Ja-Straße gibt mir die Sicherheit, die ich beim Abschluss brauche.»
«Einwände sind für mich keine Stressfaktoren mehr. Ich muss sie jetzt nicht mehr ‹wegreden›. Ich akzeptiere sie einfach und spreche sie dann mit dem Kunden durch.»
«Mir fällt immer wieder auf, wie viele der Redewendungen, die ich sonst immer benütze, rapportschädlich sind.»
«Mir machen Einwände in der Zwischenzeit sogar Spaß. Ich kann das jetzt so gut, dass ich förmlich darauf warte, dass der Kunde etwas einwendet, damit ich ihm meine Kompetenz beweisen kann.»

Viele der Tipps in diesem Buch werden Sie in Ihrer Verkaufspraxis bestätigen: «Das mache ich bereits.» Andere werden Ihnen nützliche Anregungen sein: «Probier ich mal aus.» Wieder andere werden Sie recht schnell umsetzen können. Und dann gibt es welche, mit denen Sie überhaupt nichts anfangen können. Diese liegen meist in Gesprächsphasen, in denen alte Probleme, Blockaden, hinderliche Techniken und

Glaubenssätze seit Längerem Ihre Leistung einschränken. Das ist okay. So geht es jedem Verkäufer, selbst den Spitzenverkäufern. Man lernt eben nie aus.
Möglichst schnell möglichst viel verbessern. Wichtig ist nur: Lernen Sie nie aus. Geben Sie sich nicht mit dem Status quo zufrieden. Das Problem daran ist nur: Wie holen Sie sich, was Sie verdient haben? Ungefähr

- zehn Prozent der Verkäufer und Berater sind echte Kaizen-Samurai. Ständig auf der Suche nach Verbesserungen. Ständig am Verbessern ihres «Pitches», ihres Verkaufsauftritts. Von Horst Rückle weiß man zum Beispiel, dass er nachts stundenlang Tonbänder seiner Kundengespräche anhörte, um herauszufinden, warum die einen super und die anderen nicht so toll liefen.
- zehn Prozent sind Traditionalisten wie Egon: «Ich bin seit 25 Jahren dabei. Ich weiß, wie der Hase läuft. Mir macht keiner was vor.» Sprich: Ich lerne nichts mehr dazu. Seminare sitze ich aus. Eigene Lernanstrengungen unternehme ich nicht. Ich probiere höchstens mal einen neuen Trick.
- achtzig Prozent sind aufgeschlossen für Verbesserungen, sind aber beim Aufwand skeptisch: «Für so was habe ich doch keine Zeit.»

Weder der Samurai noch der Traditionalist brauchen weitere Anregungen. Der Samurai praktiziert wahrscheinlich schon das PRUNCKStück, während andere noch diese Seiten lesen. Der Traditionalist hat das Buch schon nach Seite 3 beiseite gelegt. Wenn Sie zur stillen Mehrheit gehören: Wie können Sie Ihre Verkaufsleistung steigern, ohne einen Riesenaufwand zu betreiben?

Checkliste: Schneller besser werden

- Versuchen Sie auf keinen Fall, die PRUNCKStück-Strategie in einem Guss zu übernehmen. Das ist ein zu großer Happen, das liegt wie Wackerstein im Magen.
- Gehen Sie Schritt für Schritt vor.
- Sie müssen nicht bei P beginnen.
- Beginnen Sie aber auch nicht in Ihrer «Problemphase».
- Beginnen Sie dort, wo Sie ohnehin gut sind und sich sicher fühlen, und starten Sie dort Ihren persönlichen Verbesserungsprozess. Da alle Phasen zusammenhängen, kommen Sie ohnehin schnell durch alle Phasen.
- Nehmen Sie sich nichts vor. Gute Vorsätze werden selten eingehalten. Sie sind zu unverbindlich.
- Vereinbaren Sie stattdessen mit sich selbst ein konkretes, realistisches Ziel. Das hat mehr Eigenverpflichtung. Notieren Sie sich das Ziel in Ihr Zeitplansystem.
- Benutzen Sie für Zielverfolgung und -evaluation die Strategie der Ziele und der Wirkungen (s. Seite 47ff.).
- Belohnen Sie sich für jeden Teilerfolg in Richtung Ziel. Sie wissen am besten, was Sie als angemessene Belohnung akzeptieren.
- Gehen Sie von einfachen, wenig problematischen Zielen zu anspruchsvolleren und schließlich zu Problemzielen über.
- Erwarten Sie keine Wunder über Nacht. Verkaufen ist wie Tennis spielen. Über Nacht hats noch keiner gelernt. Aber nach zwei Wochen gutem Training wird die Rückhand deutlich besser.
- Ärgern Sie sich nicht über Rückschläge. Akzeptieren Sie sie als «Einwände» Ihres Trainingsprozesses. Tanzen Sie Einwands-Viertakt (s. Kapitel «C wie das Contra …», Seite 150ff.). Es gibt keine Fehler oder Rückschläge. Fehler sind Feedback. And feedback is the breakfast of champions.

Die häufigsten Hindernisse

Warum gibt es so viele Verkäufer, die gerne besser beraten und verkaufen wollen, und trotzdem so wenige Spitzenverkäufer? Weil der Weg zum Spitzenverkäufer mit Hindernissen übersät ist. Die Häufigsten schauen wir uns nachfolgend an. Der mit Abstand häufigste Hinderungsgrund für exzellente Kundenberatung ist das Berufsethos: «Ich bin (Bank-)Berater. Wenn ich hätte Verkäufer werden wollen, wäre ich Verkäufer geworden.» Nichts dagegen einzuwenden. Nur leider ist es gerade bei Banken so, dass man das nicht mehr laut sagen darf. Der Wettbewerb ist so hart geworden, und die Mannschaften sind so stark verschlankt, dass in einigen Ballungsgebieten bereits der Kampf um jeden Kunden entbrannt ist. In vielen anderen Branchen, in denen der Kunde bislang als selbstverständliche Beigabe behandelt wurde, ist es ähnlich. Und die Konkurrenz schläft nicht. Kundenorientierte Unternehmen graben den eher konservativen immer mehr Wasser ab. Außerdem haben sie größere Überlebenschancen, weil ihre Rendite höher ist (die Akquise- und Fluktuationskosten entfallen fast ganz). Deshalb sagen viele Führungskräfte inzwischen: «Wenn Sie nicht verkaufen wollen, können Sie gehen.» Nicht verkaufen zu wollen ist ein schönes Berufsziel. Die Frage ist nur: Wie lange kann man es sich noch leisten?

Es geht nicht darum, dass Sie heute als seriöser Berater umfallen und morgen als gerissener Verkäufer aufstehen. Das geht sowieso nicht. Wenn Sie eine gewisse Abneigung gegen kundenorientierte Beratung verspüren, sollten Sie sich jedoch fragen:

- Wogegen konkret habe ich Abneigungen?
- Muss ich dafür meine Überzeugung verraten oder ist es möglich, dass ich auch mit meiner alten Überzeugung kundenorientiert beraten kann?
- Könnte ich meine Überzeugungen nicht in einigen kleinen Punkten ändern?

Man kann durchaus an den eigenen Überzeugungen arbeiten. Man muss sie nicht umwerfen. Aber man kann sie anpassen. Warten Sie damit nicht zu lange.
Warten Sie auch nicht zu lange, sich eine geeignete Lernumgebung zu verschaffen. Gehen Sie mit dem PRUNCKStück nicht gleich auf Ihren schlimmsten Kunden los. Das hieße Frust provozieren. Wenn Sie Golfen lernen, treten Sie auch nicht am ersten Tag gegen Bernhard Langer an. Suchen Sie sich Sparringspartner, die Fehler verzeihen. Wer keine Fehler machen darf, lernt nichts dazu. Gestatten Sie sich vor allem selbst, Fehler zu machen. Solange Sie daraus lernen …

Ein besonders zähes Lernhindernis sind die eigenen Reflexe. Man hat so viele Jahre auf eine ganz gewisse Weise verkauft, dass man – schwups – schon wieder ein Merkmal nennt, wo man sich doch wirklich vorgenommen hat, nur noch Nutzenargumente zu bringen. Sie können diese alten Reflexe nicht abstellen. Aber Sie können sie mit neuen überlagern. Alte Gewohnheiten sterben langsam:

- Ärgern Sie sich nicht, wenn der alte Reflex wieder durchbricht.
- Aber steigern Sie Ihre Selbstwahrnehmung so, dass Sie jeden «Rückfall» sofort bemerken (nicht erst nach dem Gespräch).
- Legen Sie einfach die neue Technik darüber (zum Beispiel Nutzenargument hinterherschieben).
- Machen Sie das so oft, bis die neue Angewohnheit die alte automatisch ablöst.

Ein besonders ärgerliches Lernhindernis sind die Kollegen und die eigenen Vorgesetzten oder schlechte Verkaufstrainer. Die Kollegen sagen vielleicht: «Was für neue Marotten fängst du jetzt an?» Der Vorgesetzte einer Beraterin sagte mal: «Ich wünsche, dass Sie bei jedem Kunden exakt zwei Minuten lang das Eis brechen. Man hat herausgefunden, dass dies die optimale Dauer ist.» Die Beraterin war so wütend über diese selbstherrliche, lächerlich gegenstandslose Willkür, dass sie aus Trotz wochenlang überhaupt nicht mehr das Eis brach und mit der Tür ins Haus fiel. Vorgesetzte können (ganz unbewusst meist) große Lernhindernisse sein oder aufbauen. Rechnen Sie damit. Es ist schön, wenn Ihr Vorgesetzter kein Manager, sondern eine Führungskraft, ein Mentor und Förderer ist und etwas vom PRUNCKStück versteht. Aber erwarten Sie es nicht. Es ist immer noch besser, ohne Unterstützung höherer Stellen exzellent zu beraten und zu verkaufen, als nicht gut zu verkaufen.

Übrigens, auch Ihre Kunden können zu Lernhindernissen werden – wenn Sie sie lassen. Nach vielen Seminaren, nicht nur nach den PRUNCKStück-Trainings, sagen einige Kunden zu den Verkäufern:
«Was ist denn mit Ihnen los? Sie machen das ja ganz anders als sonst …»
Viele Verkäufer lächeln darauf verlegen, geben zu, dass sie auf einem Seminar waren, fühlen sich ertappt und lassen das frisch Gelernte wie eine heiße Kartoffel fallen. Kim macht das anders. Als ein Kunde diesen Einwand mitten in der N-Phase erhebt, sagt sie: «Tja, nicht wahr? Das ist was ganz anderes. Ich denke, Sie haben mehr davon, wenn wir nicht über meinen Verkaufsprospekt reden, sondern darüber, welche Ziele Sie mit dem Produkt anstreben. Zumindest denke ich das mir. Aber wie empfinden Sie das? Hätten Sies lieber wieder auf die bewährte Art?»
Kim kennt sich eben aus in der Einwandsbehandlung. Sie nimmt den Einwand auf und spricht ihn durch. Übrigens hat sich bislang noch kein Kunde die alte Art gewünscht. Die meisten sagen: «Ich bin einfach überrascht. Eine derartige Beratung bin ich nicht gewohnt. Ich muss mich erst daran gewöhnen, dass es um meine Wünsche und nicht um Ihr Produkt geht.» Das ist auch eine Art Kompliment. Vor allem ist es Umsatz pur.

Und noch eins: Wenn Sie Ihre Verkaufs- und Beratungsleistung steigern wollen, spielen Sie nicht Rambo. Machen Sie keine unnötigen Alleingänge. Wenn Sie denken, dass Sie mit Unterstützung schneller, besser und mit mehr Spaß Ihre Veränderungen schaffen, holen Sie sich einen Verbündeten. Boris Becker wurde nicht der jüngste Wimbledonsieger aller Zeiten, weil er sich zu schade für einen Trainer war. Gönnen Sie sich einen. Vielleicht sogar einen Coach. Heutzutage ist es ganz normal, dass sich Spitzenverkäufer, Key Accountants und Manager vor und während wichtiger Verhandlungen oder periodisch mehrmals im Jahr einen Coach nehmen, der mit ihnen Verhalten, Strategie und Taktik plant, trainiert und evaluiert. Jeder Manager hat (mindestens) einen Tennis- oder Golf-Trainer. Warum also nicht auch für den Beruf?

Trainer, Coaches, Kollegen, Freunde und Mentoren können Ihnen helfen, sich schneller zu verändern. Nutzen Sie diese Veränderungsförderer. Wenn wir Ihnen dabei helfen können oder wenn Sie mehr über das PRUNCKStück, über die PRUNCKStück-Seminare, über Trainingskonzepte für ganze Verkaufsteams oder andere Themen aus und um den Verkauf wissen möchten, rufen Sie an: 08121/41420, e-mailen Sie uns: buero@stoegerpartner.de. Oder machen Sie eine virtuelle Stippvisite: www.stoegerpartner.de. Wir freuen uns über jede Anfrage.

Stichwortverzeichnis

A

B

F

G

H

I

K

O

P

Q

R

S